D. Roche.

Le Nouveau Testament

DU MÊME AUTEUR

Premiers témoins : le Nouveau Testament, Mame, 1984.

Les épîtres de Jean, Cahiers Évangile nº 62, 1987.

MICHÈLE MORGEN

LE NOUVEAU TESTAMENT

Clés de lecture

Centurion • Éditions Paulines

La Croix-L'événement

ISBN 2-227-30144-9

41, rue François-Ier, 75008 Paris

Pour le Canada

ISBN 2-89039-025-X

Introduction

Depuis le Concile, la lecture de la Bible se porte relativement bien chez les catholiques. Alors qu'elle était méconnue, voire interdite à la lecture privée, elle retrouve fort heureusement une place d'honneur dans un bon nombre de communautés et pour beaucoup d'individus. L'élan conciliaire a certainement suscité le désir de la mieux connaître, d'en découvrir les étapes de formation, de la situer comme Parole de Dieu et paroles d'hommes.

De nombreux moyens pédagogiques ont été mis en œuvre pour que la Bible devienne accessible au plus grand nombre, Ancien et Nouveau Testaments. Du point de vue du contenu, le Nouveau Testament est plus connu que l'Ancien Testament. Mais les problèmes théologiques posés par le Nouveau Testament sont plus délicats. En effet, comment, disent certains, peut-on faire une étude critique des paroles du Seigneur, formuler à leur endroit des hypothèses, utiliser les mêmes procédés qu'en histoire profane, en littérature? Ou encore, comment concevoir une évolution, un progrès dans la conscience de l'homme Jésus de Nazareth, s'il est Dieu depuis toujours et pour toujours? Questions dépassées, répondrez-vous peut-être! Les discussions que l'on peut avoir, çà et là, avec des personnes très pratiquantes, ouvertes et cultivées, montrent que ces questions demeurent et mettent mal à l'aise bon nombre de croyants. Elles sont compréhensibles. Il ne faudrait surtout pas considérer ces interrogations de haut, sans respect pour les personnes. Mais il convient de répondre avec toute la clarté de l'intelligence et la rigueur de la vérité. Il importe aussi, et cela nous semble urgent à l'heure actuelle, de préciser le statut de l'exégèse critique, sa nécessité pour le monde et l'Église d'aujourd'hui, son respect profond de la vivante Parole de Dieu, sa recherche constante dans le domaine de la vérité, à un niveau scientifique. Inutile d'engager ici un plaidoyer. Il sera beaucoup plus convaincant de montrer sur pièces comment le travail se fait et quels horizons il ouvre. Une des préoccupations constantes de notre ouvrage sera de dire l'exigence, mais aussi les joies de l'exégèse, de souligner combien le travail précis et l'attention sérieuse accordée à la Parole n'en éloignent pas, mais en rapprochent. Et enfin, de faire passer une conviction : recherche exégétique et approfondissement spirituel, loin d'être incompatibles, peuvent être de connivence.

Bien des personnes et bien des groupes lisent la Bible, en vivent spirituellement, sans l'avoir étudiée de façon systématique. Tous les croyants ne passent pas par l'université pour étudier le texte biblique. Leur vie de foi n'en est pas pour autant insuffisante, ni perturbée. Dieu merci! Mais à l'heure où, en tout domaine, l'on vise au recyclage, à la formation permanente, ne serait-il pas grave que des chrétiens négligent les moyens qui leur sont offerts pour mieux comprendre, connaître et donc aimer, faire aimer la Parole de Dieu? Notre foi demande à être éclairée. C'est une exigence : face à la Parole de Dieu, nous ne nous situons pas en amateurs, mais en croyants. Ce statut de croyant revêt une dimension dynamique, une participation active de notre part. Le christianisme n'a rien d'une idéologie, ni d'une religion envoûtante; ce n'est pas une secte. La possibilité qu'a le chrétien de faire une recherche « critique » pour le sérieux de la foi, caractérise en partie la religion chrétienne comme religion incarnée, où l'homme a sa place. Dans ce cadre, il convient de dénoncer une certaine vague d'anti-intellectualisme qui mène tout droit à un fondamentalisme néfaste.

Explicitons quelque peu. Le fondamentalisme consiste à prendre le texte biblique au pied de la lettre, à détacher tel verset de son contexte littéraire, à le comprendre en dehors du contexte historique, etc. Lire le Nouveau Testament de manière fondamentaliste consisterait par exemple à considérer les Évangiles comme des biographies de Jésus; à lire ses paroles comme si elles avaient été exactement transcrites mot pour mot : les disciples n'avaient pas de magnétophone, mais ils pouvaient écrire! L'Évangile serait, selon une lecture fondamentaliste, le décalque exact et surtout immédiat des paroles de Jésus, de ses faits, de ses gestes.

Mais alors, pour éviter cette lecture fondamentaliste, comment faut-il lire l'Évangile? Qu'en est-il surtout des paroles de Jésus? Seraient-elles purement et simplement des « créations » de la communauté chrétienne? Comment et pourquoi privilégier l'évangile par rapport à d'autres textes chrétiens des premiers siècles? Les questions pourraient être multipliées. La petite introduction au Nouveau Testament que nous proposons n'entend pas répondre à toutes ces questions dans le détail, mais faire en sorte que chacun découvre l'importance de l'étude du texte du Nouveau Testament, la nécessité d'une information critique sérieuse pour l'intelligence de la foi. Nous souhaitons que chacun puisse s'outiller pour réagir en connaissance de cause dans les débats contemporains, et s'orienter au milieu de l'abondante littérature religieuse d'aujourd'hui.

Il est en effet souvent difficile, lorsque l'on n'est pas du métier (et même lorsque l'on en est!) de se faire une opinion. Bien des chrétiens se plaignent d'un manque de formation et d'information. Pourtant des efforts considérables sont faits dans le domaine de la vulgarisation de qualité : citons les *Cahiers Évangile.* Il s'agit d'une collection de différents cahiers, conçus pour tenir les croyants au courant de la recherche dans le domaine biblique, leur indiquer les moyens de travailler seuls ou en groupes, dénoncer aussi les fausses pistes, les pièges à éviter.

La série des *Cahiers Évangile* permet également de se tenir au courant des méthodes diverses pratiquées aujourd'hui dans la lecture de la Bible : ainsi le numéro spécial sur l'analyse structurale que nous évoquerons p. 93.

Signalons également une plaquette remarquable sur les ouvrages de base à consulter ou à acquérir en vue d'une formation biblique : il s'agit d'un dossier paru aux Éditions du Centurion, publié par le service biblique Évangile et Vie et les équipes de recherche biblique, intitulé *Bibliographie biblique*, Paris, 1981, 84 p.

Il faut le reconnaître : l'exégèse technique passe mal. Elle se digère difficilement. Elle étonne, déroute les uns, décourage les autres. Bien des chrétiens souhaitent se tenir au courant des résultats de l'exégèse, s'y mettent un jour sérieusement, mais s'arrêtent parfois en cours de route. A quoi bon investir dans ce qui n'est qu'hypothèses, élucubrations savantes, discussions interminables sur le sens d'un mot, qui plus est, sur un texte grec ou hébreu...! Ne vaudrait-il pas mieux laisser cela aux spécialistes? L'écart se creuse dès lors entre une exégèse technique, scientifique et une lecture simple – sans être simpliste – de la Bible. Que faut-il en penser?

Il faut à tout prix maintenir une exégèse scientifique et lui laisser le champ libre pour que les recherches de haut niveau puissent être menées librement et en toute vérité. Cela signifie que les résultats exégétiques ne doivent pas être *immédiatement* vulgarisés. Lorsque la vulgarisation prend trop vite le pas sur la recherche scientifique, cela n'est bon ni pour le chercheur ni pour le lecteur :

– le chercheur ne répond plus à sa tâche de chercheur, de « veilleur », toujours sur le qui-vive de la recherche, sans cesse remettant l'ouvrage sur le métier; il se doit de proposer, puis d'affiner des hypothèses de travail, de vérifier leur fonctionnement, d'argumenter, etc;

– le lecteur se sent très vite déboussolé, larguant les amarres sous les vents contradictoires des hypothèses, ne sachant plus quel sillage suivre.

Conclusion : entre le chercheur exégète et le lecteur, il faudrait trouver des passerelles. Dans la ligne des efforts déjà entrepris pour une vulgarisation de qualité, il y a encore à inventer. Il y va de la mission de l'Église pour transmettre la foi en Jésus Christ, en vérité et fidélité vivante. Il serait souhaitable que des perspectives pastorales se développent pour une exégèse appliquée. Des principes très simples de lecture critique du Nouveau Testament, comme ceux que nous allons souligner, sont connus; mais l'on n'en tire pas toujours des conséquences en pastorale ou en catéchèse. Sans être pessimiste, ni surtout sans accuser quiconque, il nous semble indispensable de faire porter les efforts en ce sens : trouver des *passerelles* tout en respectant la nécessaire « indépendance » de la recherche scientifique d'une part, et d'autre part, les réels besoins de la pastorale.

Quelqu'un me demandait un jour une contribution, pour un public de chrétiens adultes, sur le quatrième Évangile : « Ne leur dites pas : c'est ainsi dans Jean, mais c'est différent dans Matthieu, dans Luc... Les gens seraient perdus... Dites simplement : " dans l'Évangile ". » Précisément, l'exégète ne peut dire : « dans l'Évangile ». Les Évangiles sont au nombre de quatre et il est du devoir, non seulement de l'exégète, mais de quiconque lit attentivement ces textes, de comprendre les différences et d'en jauger l'intérêt théologique. Il ne faudrait donc plus dire : « dans l'Évangile », mais « *dans l'Évangile de* Matthieu, Marc, Luc ou Jean ». Les ouvrages d'introduction au Nouveau Testament insistent sur l'importance de la pluralité évangélique. Les principes de base sont souvent connus, mais peu appliqués. Et pourtant, l'apprentissage pourrait se faire très tôt.

J'avais remis un Nouveau Testament adapté aux enfants entre les mains d'une fillette de 8 ans. Les textes étaient classés selon les évangiles. Quelques jours après, ayant parcouru plusieurs pages, elle me confiait : « Qu'est-ce que Luc écrit bien! J'aime bien Jean lorsqu'il raconte la rencontre de Jésus avec la femme près de la fontaine, mais je préfère Luc, à cause de l'enfant qui retourne près de son père... » Suite à cela, je lui ai montré qu'un même épisode peut souvent être présenté de manière différente : passionnée, elle se montrait tout à fait capable de comprendre l'intérêt qu'il y a de mettre en relief ces différences.

Un livre d'introduction au Nouveau Testament ne dispense pas, loin s'en faut, de la *lecture* du Nouveau Testament, mais doit y conduire. Étant donné la visée de la collection « Parcours », nous accentuerons la part active du lecteur, suivant les principes d'une lecture interactive. Ce livre n'est qu'un instrument de travail destiné à accompagner la lecture des textes bibliques; il voudrait, pour un temps, conduire le lecteur par la main, susciter telle réflexion, encourager la recherche personnelle, permettre d'approfondir tel ou tel point jusque-là en questionnement, aider peut-être à entreprendre une démarche personnelle de lecture plus attentive de la Bible ou une recherche en groupes.

L'essentiel de l'ouvrage porte sur *le milieu de formation* du Nouveau Testament. Comment se pose la question à l'heure actuelle? Quelles sont les positions fermes, mais aussi les tendances contemporaines de l'exégèse néotestamentaire? Pour répondre à ce propos, nous donnons l'un ou l'autre exemple, quitte à ne pas être exhaustif, plutôt que de développer des théories.

Le plan de l'ouvrage se construit autour de questions très simples : Le Nouveau Testament, c'est quoi? Ou plutôt, c'est qui? Pour quoi a-t-il été écrit? Dans quel but? Quand? Comment? A l'aide de quelques indications bibliographiques, le lecteur sera en mesure de continuer lui-même le travail et d'affiner les questions.

I

LE NOUVEAU TESTAMENT : C'EST QUOI ? C'EST QUI ?

D'une façon habituelle, les introductions au Nouveau Testament présentent les différents écrits, les uns après les autres ; les questions posées par leurs milieux de rédaction, les difficultés rencontrées par leur composition littéraire, leurs perspectives théologiques, etc. Le plus souvent donc, on considère un ensemble d'*écrits :* une véritable bibliothèque de vingt-sept livres. Dans cet ouvrage, nous ne procéderons pas à une visite de bibliothèque *. Nous nous livrerons plutôt à une confrontation avec des milieux de vie divers, avec des personnes précises (Jésus, Jean Baptiste, etc.), avec des catégories de personnes (par exemple : « les disciples »), et enfin avec des communautés, les premières communautés qui se sont dites chrétiennes.

Pour ce qui est de l'introduction à chacun des livres du Nouveau Testament, le lecteur en trouvera d'excellentes dans les Bibles « classiques », à savoir :

– *la Bible de Jérusalem* (B.J.)

– *la Traduction Œcuménique de la Bible* (TOB)

– *la Bible Osty-Trinquet :* lorsque nous donnerons le texte du Nouveau Testament, nous opterons pour cette dernière traduction qui reste le plus souvent très proche du texte grec. Elle permettra donc à des personnes ne sachant pas le grec de comprendre certaines nuances. Ce faisant, nous ne considérerons pas le Nouveau Testament d'abord comme une lit-

---

* M. Morgen, *Premiers témoins : Le Nouveau Testament*, Mame, Paris, 1984.

térature, mais nous entrerons en contact avec des personnes, des communautés, un milieu vivant, celui de la naissance de la foi chrétienne. Le lien avec le texte est indispensable : on se reportera donc toujours aux versets cités.

I – PRISES DE VUE : LES TRACES DE L'HISTOIRE

Le contexte socio-culturel

Le contexte socio-culturel à la naissance du Nouveau Testament ne se laisse guère embrasser d'un seul coup d'œil. Essayons pourtant de baliser la route en indiquant l'importance de trois lieux principaux :

– la puissance de l'Empire romain;
– la situation des Juifs en Palestine et dans la Diaspora;
– l'influence de l'Hellénisme.

LA PUISSANCE DE L'EMPIRE ROMAIN

En quelques siècles, les Romains ont réussi à étendre leur pouvoir tout autour du Bassin méditerranéen. Dans cet immense empire, un tout petit territoire, la Syrie Palestine, devint province romaine, par les conquêtes de Pompée.

Sous le règne d'*Auguste* (−30 à 14) l'empire vit sous l'influence de la Paix romaine *(Pax romana).* Après la mort d'Auguste, *Tibère* règne de 14 à 37. Les règnes de ces deux empereurs correspondent à l'époque de la vie du Christ. En bon historien, Luc donne le cadre de la vie de Jésus :

« Parut un édit de *César Auguste*... (*Lc* 2,1)
L'an quinze du principat de *Tibère César*... » (*Lc* 3,1)

Caligula succède à son oncle *Tibère* et reste au pouvoir durant cinq ans. Assassiné en l'an 41, il est remplacé par son oncle *Claude* qui règne de 41 à 54. Luc mentionne également Claude dans le livre des *Actes des Apôtres,* évoquant la famine qui eut lieu sous son règne : *Ac* 11,28; 18,2.

Néron, le fils adoptif de Claude, lui succède, de 54 à 68. Sous son règne, se produisit notamment l'incendie de Rome et commença la révolte juive. Néron fut écarté du pouvoir et *Vespasien,* chef de l'armée de Palestine, le remplaça. Lui succéderont : *Titus* (79-81) qui vaincra Jérusalem, puis *Domitien* (81-96), sous le règne duquel fut probablement rédigée l'*Apocalypse* de Jean.

La liste pourrait continuer. Nous n'indiquons ici que les principaux souverains, bien que les textes du Nouveau Testament ne s'y réfèrent pas de manière explicite : les seuls passages sont ceux de Luc que nous avons cités. De manière implicite, l'*Apocalypse* de Jean mentionne les empereurs romains, puisqu'elle dénonce la tyrannie impériale.

Dans l'empire romain, les Juifs bénéficient de certains privilèges : le judaïsme peut se développer sans crainte. De fait, en Syrie Palestine, ce n'est pas l'empereur qui gouverne; il règne par personnes interposées. Il délègue ses pouvoirs, mais le mode de délégation varie selon les régions. Les provinces sont rattachées à Rome de manières différentes :

• Soit par un *proconsul :* dans le livre des *Actes,* Luc fait référence au proconsulat de Sergius Paulus; à Chypre, province sénatoriale, celui-ci se convertit à la foi chrétienne lorsqu'il constate la réalisation de la prédiction de Paul : Elymas, le magicien, devient alors aveugle. Lire *Ac* 13,4-12.

Luc fait également mention du proconsulat de Gallion. Gallion, le frère du philosophe Sénèque, fut proconsul de la province d'Achaïe de 51 à 52. La mention est importante pour la datation des écrits de Paul : une inscription trouvée à Delphes confirme les dates du proconsulat de Gallion en Achaïe de 51 à 52. Lire *Ac* 18,12.

• D'autres territoires furent dirigés par des *légats.* Luc mentionne Quirinius (*Lc* 2,2), chargé d'une mission spéciale de recensement en Palestine.

• D'autres encore dépendent d'*un préfet* ou d'*un procurateur,* lui-même dépendant du légat de la province impériale voisine. Ainsi Ponce Pilate; voir également Felix et Festus (*Ac* 23 et 26).

Le pouvoir est romain. L'exercice de ce pouvoir varie d'une

région à l'autre. Le pouvoir romain en place en Syrie Palestine doit s'accommoder de cet autre « pouvoir », différent mais puissant également, que représente le judaïsme, au niveau de son institution politico-religieuse.

LA SITUATION DES JUIFS EN PALESTINE ET DANS LA DIASPORA

Jérusalem : un espace restreint, mais combien symbolique et qui le restera! Jérusalem se trouve dans la province de Judée qui ne sera la Palestine qu'après 135. Jérusalem : là se trouve le Temple, symbole du judaïsme de l'époque, sur le plan socio-politique comme sur le plan religieux. C'est dire l'importance de la cité.

Depuis l'Exil (587-538 av. J.C.), de nombreux Juifs sont dispersés en dehors de la Palestine (la *Diaspora* ou *Dispersion*) :

- certains sont restés en Babylonie, depuis l'Exil;
- d'autres vivent surtout en Asie Mineure, le plus souvent dans les grandes métropoles;
- enfin, plusieurs d'entre eux se sont installés à Alexandrie, ou à Rome...

Bien que très différents par leur culture, leur formation, les deux catégories de Juifs de Palestine ou de la Dispersion se rejoignent pour constituer un même courant ou mouvement : le judaïsme.

Si les Juifs, en particulier ceux de la Dispersion, ont réussi à conserver leurs traditions juives depuis l'Exil, ainsi que la référence essentielle aux Écritures, ils le doivent en grande partie à l'attitude des empereurs romains à leur égard. L'historien juif Flavius Josephe affirme que certains décrets leur étaient particulièrement favorables : les Juifs pouvaient s'acquitter de leur impôt spécifique pour le Temple, suivre leurs règles propres concernant les prescriptions alimentaires, respecter le repos du jour du sabbat, etc. Enfin, l'institution de la synagogue a permis, surtout aux Juifs de la Dispersion, de continuer à se rassembler (*synagogè,* en grec, se traduit littéralement par rassemblement). Lieu de réunion pour lire et étudier la loi, la synagogue sert également de tribunal. On comprend qu'il est difficile, voire impossible de distinguer dans le judaïsme du premier siècle, le social du politique et du religieux. Les structures de pouvoir se superposent, de façon parfois fort complexe. Dans le Nouveau Testament apparaissent ainsi plusieurs termes relatifs à des personnes ou à des groupes politico-religieux.

LES PRÊTRES, LES ANCIENS, LES SCRIBES

A la tête du clergé se trouve *le grand prêtre.* Il exerce la fonction suprême. C'est lui qui préside le Sanhédrin. Il est le seul à pouvoir entrer une fois par an dans le saint des saints, c'est-à-dire dans le sanctuaire du temple.
Les chefs des prêtres accompagnent le grand prêtre dans les fonctions de responsabilité du temple et dans le culte.
Les prêtres exercent à tour de rôle une fonction au temple. Ils sont très nombreux et proches du temple.
Les lévites enfin; à l'époque du Nouveau Testament, ils n'occupent que des fonctions subalternes : musique, préparation des sacrifices, police, etc.

A côté de l'aristocratie sacerdotale (grand prêtre et chef des prêtres) une sorte d'aristocratie laïque est constituée par *les anciens.*
Les scribes, comme l'indique le mot, sont les gens de l'écriture, les interprètes, spécialistes en la matière.

LES PHARISIENS, LES SADDUCÉENS

Le pouvoir s'exerce aussi à travers les groupes religieux. Les tendances sont variées. Retenons simplement les Pharisiens et les Sadducéens.

Les Pharisiens

Le mot signifie « séparé ». Ils constituent le groupe des gens pieux qui vénèrent la Loi, l'étudient dans le détail et se font un devoir de la transmettre dans toute sa pureté. La Loi est sainte; ceux qui la lisent sont appelés à devenir saints. Une telle exigence les conduira à se « séparer » du peuple incapable de bien pratiquer la Loi, impur, donc. Au temps de Jésus déjà, mais surtout après, les Pharisiens deviennent les représentants officiels du judaïsme. De leur groupe naîtra la réforme religieuse du judaïsme rabbinique.

Les Sadducéens

Comme leur nom l'indique, ils se réclament du prêtre Sadoq. Comme tels, ils se considèrent comme les véritables détenteurs du sacerdoce. Leur seule raison d'être est le temple. En conséquence, ils n'auront plus guère d'existence après 70. Leur livre est le seul Pentateuque et comme le dit le Nouveau Testament (*Ac* 23,8) « ils disent qu'il n'y a ni résurrection, ni ange, ni esprit ».

L'INFLUENCE DE L'HELLÉNISME

Sans tenir compte ici des spéculations savantes, comprenons par le mot « hellénisme », toute l'influence grecque. Trois exemples de cette influence sur le judaïsme :

– Depuis les conquêtes d'Alexandre, la culture hellénistique a marqué de son empreinte le Bassin méditerranéen. Le judaïsme de la Dispersion se montrera très ouvert à la pensée grecque. En témoigne *l'œuvre de Philon d'Alexandrie :* philosophe juif, contemporain de Jésus et de Paul, il est connu par son œuvre volumineuse. Il commente la Bible, à partir de la pensée stoïcienne et du platonisme (deux grands courants philosophiques grecs). La pensée de Philon d'Alexandrie nous paraît aujourd'hui plutôt sinueuse et difficile d'accès. Sa façon de commenter les textes bibliques permet aux spécialistes de comprendre certaines méthodes d'interprétation de l'Écriture au premier siècle de notre ère, en particulier pour les écrits de saint Jean.

– La traduction de la Bible (= Ancien Testament) en grec

a joué un rôle considérable. On la désigne par le sigle LXX *(la Septante)* en référence à la légende indiquée dans *La lettre d'Aristée :* soixante-dix ou soixante-douze personnages auraient traduit l'Ancien Testament en grec. D'où le nom de l'Ancien Testament grec : la Septante. Il ne s'agit pas seulement d'une traduction : la Septante comporte des additions, des passages modifiés, mais aussi des livres entiers en supplément au texte hébreu. Pour l'étude des citations de l'Ancien Testament dans le Nouveau, il est indispensable de connaître la traduction des LXX.

– Le grec est la langue courante dans le Bassin méditerranéen, au Ier siècle de notre ère. Les textes du Nouveau Testament sont rédigés dans cette langue que l'on désigne comme le grec de la *Koine* c'est-à-dire le grec courant, la langue des échanges commerciaux.

II – RENCONTRES AVEC...

A la naissance du Nouveau Testament, apparaissent des personnes précises, que l'on peut nommer par leurs noms propres : Jésus, Jean le Baptiste, les disciples; les apôtres, tels Pierre, Jacques et tant d'autres, Paul..., etc. Par quelques exemples, essayons d'entrer en contact avec le Nouveau Testament en rencontrant certains de ces personnages.

JÉSUS

Les divers livres du Nouveau Testament ne tracent pas un portrait historique précis du personnage Jésus et n'entendent pas le faire. Même en mettant bout à bout les informations glanées çà et là dans maints passages, nous ne réussirions pas à composer véritablement son portrait, ni à reconstituer parfaitement les étapes successives de sa vie d'homme. Pourtant, nous connaissons bien des aspects de la vie humaine de Jésus, et le regard porté sur l'incarnation du Fils de Dieu est d'une importance capitale pour la foi chrétienne. Nous rencontrons dans les Évangiles un homme passionné de Dieu, ouvert sans réserve à l'amour de tous les hommes. Mais comment apprécier de manière critique les indications données par les textes? A titre d'exemple, essayons de préciser comment lire tel ou tel passage qui évoque un événement ou un comportement de la vie de Jésus.

Au sujet de sa naissance et de son enfance

Que nous disent les Évangiles? Comment racontent-ils les faits? Quel est l'enracinement historique des récits? etc. Les questions ne manquent pas.

Nous lisons, dans deux Évangiles seulement (celui de Matthieu et celui de Luc), des récits relatifs à la naissance et à l'enfance de Jésus. Ce sont des récits merveilleux : Matthieu et Luc emploient un genre littéraire spécifique, connu dans la littérature ambiante, afin de faire ressortir le caractère prodigieux de l'événement. Comment dire avec les mots, avec les symboles, et avec les Écritures que ce qui advient est prodigieux, que la venue de Jésus dans le monde est signe de Dieu, manifestation de salut? Matthieu et Luc emploient les grands moyens :

– l'un, Matthieu, insiste sur la venue de Jésus EMMANUEL, c'est-à-dire DIEU AVEC NOUS. Il renvoie de façon systématique aux Écritures et à leur accomplissement :

Tout cela arriva pour que s'accomplît ce qu'avait annoncé le Seigneur par le prophète, quand il dit : « Voici que la Vierge concevra et enfantera un fils, et on l'appellera du nom d'Emmanuel, ce qui veut dire " Dieu avec nous " » (*Mt* 1,22-23);

– l'autre, Luc, s'attache à dire *l'aujourd'hui du salut :*

« Il vous est né *aujourd'hui* dans la ville de David, un *Sauveur,* qui est Christ Seigneur » (*Lc* 2,10-11).

Non seulement l'accentuation des textes est différente, mais les deux récits n'ont guère de ressemblances. Impossible par exemple de les mettre en parallèle. Quel est dès lors le « véritable » récit de la naissance et de l'enfance de Jésus? Celui de Matthieu ou celui de Luc? La réponse est claire, mais elle demande une lecture critique des textes. L'objectif de chaque évangéliste n'est pas de donner, point par point, le détail des événements. Il importe de *tenir compte du genre littéraire.* A l'époque, on raconte, sous un mode semblable, la naissance de Moïse, de Samuel, ou encore celle d'Alexandre. Tout converge pour proclamer la grandeur exceptionnelle de l'enfant qui naît; le genre littéraire « récit de l'enfance » utilisé par Matthieu et par Luc est idéal pour célébrer l'enfant Jésus et déjà dire l'avènement de son règne. Les deux évangélistes utilisent ce genre littéraire connu pour manifester le caractère grandiose et spectaculaire de la venue de Jésus dans le monde. Événement d'importance parce qu'il proclame l'accomplissement d'une promesse attendue depuis des siècles, la joie d'une bonne nouvelle adressée à tous.

Sur les routes, à la rencontre des hommes

Incontestablement, Jésus est un homme de rencontres. Il est possible de faire une lecture cursive de l'évangile en prêtant attention à la manière dont est présenté l'homme Jésus. Il est *toujours en route.* Suivez en effet ses pas. Vous le verrez toujours en marche. Jésus bouge beaucoup. Il parcourt la Galilée, monte vers Jérusalem, descend vers Jéricho : notez tous les verbes de mouvement. Il enseigne, mais c'est en chemin, en allant d'un point à l'autre, d'une bourgade à une autre. Les sommaires sont très instructifs sur ce sujet : un sommaire est un court résumé dans lequel l'évangéliste condense l'activité de Jésus. On a comme l'impression que Jésus enseigne, guérit; oui, mais toujours en continuant sa route. Lire par exemple *Mt* 4,23-25; 9,35-38; *Lc* 9,51.57; etc.

Jésus est présenté comme un homme qui part à la rencontre des autres. L'homme du dialogue aussi. On perçoit ici un ton de sympathie, là une liberté peu commune, voire exceptionnelle, dans la parole comme dans le geste à l'égard d'autrui. S'il me fallait retenir un aspect de l'homme Jésus, un trait de son humanité qui ressort de tous les Évangiles, je retiendrais celui de son étonnante capacité de relations. Beaucoup de relations et pourtant une relation de type unique, une relation privilégiée avec chacun. Nous connaissons de ces personnes qui se vantent d'avoir autour d'eux une foule d'amis, et qui, dans les faits, se montrent incapables d'attention à l'autre, parce que débordées, submergées par ces trop nombreux amis. Jésus, l'homme de la foule, mangé par les foules, est un homme capable de se mettre à l'écoute de chacun. Infiniment présent pour celui qui, dans l'instant, est en face de lui; le laissant être lui-même, tout en le faisant progresser d'une manière nouvelle, à partir de l'attachement à sa personne. Tel est Jésus, à l'écoute :

- de Zachée qu'il rencontre seul à seul; c'est bien chez lui, mais oui, qu'il va manger : chez un pécheur!
- de la femme de Samarie avec laquelle il s'entretient longuement près du puits; pour lui révéler, à elle, comme cela, tout simplement, l'inouï don de Dieu, la source d'eau vive.

A l'écoute de chacun pour faire avancer tel homme, telle femme, sur sa route personnelle, dans le sens qui est le sien. Jésus ne trace pas la route pour les autres; mais il est sur la route, avec eux.

Il nous faut donc faire de temps en temps une lecture cursive d'un Évangile, comme si c'était pour la première fois. Savoir s'étonner, découvrir d'une manière nouvelle, se laisser surprendre par tel mot, tel verbe.

Une parole d'autorité

Un groupe de disciples a suivi Jésus. Les Évangiles racontent tous d'une manière surprenante les premiers temps de ces rencontres. C'est comme si les disciples avaient été subjugués, sur le coup. Dans les Évangiles synoptiques en particulier, les différents récits de vocations de disciples évoquent, avec une sobriété remarquable, comment Jésus les a appelés, et comment, sur-le-champ, ils suivirent. Cela pourrait se traduire en style populaire : « Allez! Oust, derrière moi! Ils suivent. » Choquant? Peut-être! Mais relisons les textes; par exemple celui de Marc : *Mc* 1,16-20; rien n'est plus bref, plus concis que les scènes des récits d'appel de disciples. Pourquoi? Les choses se sont-elles réellement passées ainsi? L'homme Jésus était-il vraiment doté d'un autoritarisme de ce type?

Jésus a certainement étonné ses disciples. Les anciennes traditions conservent, par le biais de la forme littéraire, les traces de l'appel premier, ou plutôt du caractère impératif de cet appel. La manière dont les scènes évangéliques sont construites manifeste clairement l'intention théologique des évangélistes, mais aussi le caractère spécifique de l'autorité dont Jésus fait preuve. En le présentant qui appelle avec force et autorité, les évangélistes traduisent le caractère inconditionnel de son appel. Notons deux points importants :

– Jésus a certainement appelé des hommes à le suivre, sans conditions. Il n'a pas eu d'école, comme les Maîtres (rabbis) de l'époque, pour former ses disciples. Il appelle et le disciple marche derrière lui, comme poussé par la force de cet appel. Dans la réalité de l'histoire, Jésus a certainement *appelé des disciples.*

– Les premiers chrétiens ont cherché à mettre en relief le caractère impératif de son appel. Ils ont compris peu à peu, et l'ont signifié dans les textes d'évangile, *la portée théologique de l'événement* pour tout disciple du Christ. Jésus appelle de manière inconditionnelle, parce qu'il est l'unique Maître, le Seigneur. Les évangélistes reprennent les traditions concernant les premiers disciples qui ont marché derrière Jésus. Ils les relisent, les re-disent : les récits évangéliques de vocations de disciples témoignent que le radicalisme de l'appel de Jésus vaut pour tout lecteur de l'Évangile, lorsqu'il se met à suivre le Seigneur.

Deux niveaux se dégagent des récits de vocations de disciples :

- l'homme Jésus a appelé avec autorité des hommes à devenir ses disciples;
- les Évangiles se réfèrent à cet événement et en donnent le sens théologique, se fondant sur les traditions premières et les interprétant à la lumière de l'Esprit saint pour la communauté des chrétiens.

Dans les Évangiles déjà apparaissent en superposition les deux niveaux qui concernent Jésus : Homme et Fils de Dieu. Plus tard, les théologiens formuleront en termes philosophiques le message évangélique.

Jésus accomplit des miracles

Il n'est pas facile, pour un homme du XXe siècle de croire aux miracles. Les Évangiles relatent de nombreux miracles opérés par Jésus, dont beaucoup de guérisons. *Jamais l'homme Jésus ne passe à côté d'une souffrance sans faire un geste positif.* Les situations difficiles, et de détresse, ne manquent pas dans les Évangiles. Face à cela, Jésus est présenté comme un homme d'une extrême sensibilité devant la souffrance; mais un homme qui agit aussi et qui manifeste une volonté tenace de délier l'homme livré à l'emprise du mal.

Rien d'exceptionnel au Ier siècle de notre ère dans la croyance aux gestes miraculeux et aux prodiges. Bien des textes de la littérature juive ou païenne évoquent les croyances aux miracles effectivement réalisés. L'activité thaumaturge de Jésus doit pour une part être située dans le contexte de l'époque.

Mais, d'autre part, comment convient-il d'apprécier les miracles de Jésus dans leur particularité? Car, s'ils ne sont ni exceptionnels dans le contexte de l'époque, ni impossibles pour les contemporains, ils n'en sont pas moins extraordinaires et importants pour découvrir le visage de l'homme-Dieu.

Tous les miracles faits par Jésus durant sa vie terrestre ne sont pas transmis dans les Évangiles. De plus, chaque évangéliste choisit, probablement dans une collection de miracles (voir p. 86) ceux qu'il souhaite transmettre. Les miracles mettent toujours en valeur le geste et la parole de cet homme venu de la part de Dieu rejoindre les hommes dans leurs situations de détresse. Presque toujours aussi les évangélistes s'attachent à dire l'impact du miracle sur ceux qui sont là : croyants qui débordent d'action de grâce; non-croyants qui se ferment à l'extraordinaire de l'œuvre divine en Jésus. Les miracles sont *liés à la foi.*

Ils ne sont pas simplement transmis pour « épater ». Jean, dans son Évangile, les qualifie de « signes ». Signes, parce qu'ils orientent vers; ils sont « signes de quelque chose ». Les miracles réalisés par Jésus *sign*(ifient) que les gestes du Christ viennent de Dieu : ils invitent à croire en lui. Son humanité même est comme une sorte de preuve, de signe que Dieu vient à la rencontre des hommes, dans la gloire. Plutôt que des preuves de sa messianité – encore que cet aspect soit développé dans plusieurs passages – ils sont *des appels à croire.*

Les premières communautés chrétiennes développeront les traditions concernant les miracles de Jésus à des fins catéchétiques. Pourquoi cela? On remarquera tout d'abord la forme stéréotypée de transmission des miracles : pour en faciliter la mémorisation et pour servir à la prédication. En Jésus, on reconnaît le Sauveur, le Messie. Mais les miracles racontés ont encore une autre fonction : ils servent à déterminer l'agir du croyant. Nous disions qu'ils sont appels à croire; oui, mais c'est une foi en un Dieu qui a épousé la condition humaine, véritablement, qui n'a pas craint de l'approcher amoureusement, qui n'a eu de cesse que de tout mettre en œuvre pour sortir l'homme de son désarroi, des liens du mal. Un tel portrait de l'homme-Dieu annonçant la possibilité du Royaume pour aujourd'hui incite le croyant à déployer à son tour des gestes de libération, à trouver et à « oser » la parole qui convient pour ceux qui sont dans l'épreuve. Loin de nous présenter un Jésus superman, les récits de miracles dans les Évangiles disent le signe de la gloire de Dieu, venu à la rencontre des hommes, dans les limites mêmes de la condition humaine. *Les miracles engagent les croyants à la suite du Christ dans tous les gestes et toutes les paroles susceptibles de transformer les situations blessées par le mal.*

Jésus proclame le règne

Dans les Évangiles synoptiques *(Mt, Mc, Lc)*, à temps et à contretemps, Jésus prêche le règne (ou le Royaume : c'est le même mot en grec). Il annonce, d'une part que le règne est tout proche, c'est-à-dire sur le point d'arriver, mais encore à venir. Le mot grec *eggus* (proche), insiste à la fois sur la proximité et sur une certaine distance : « Il est proche » signifie qu'il n'est pas encore là. Marc condense le message de Jésus dès le début de l'Évangile, en ces termes : « Le temps est accompli et le royaume de Dieu est tout proche; repentez-vous et croyez à l'Évangile » (*Mc* 1,15).

Jésus lui-même a attendu la venue du règne. Il s'inscrit dans l'immense mouvement d'attente religieuse de son époque : « Le peuple était dans l'attente » (*Lc* 3,15). Savait-il quand il adviendrait? Voir *Mc* 13,22; *Lc* 17,24; *Mt* 24,27; 25,13. Les paroles de Jésus sur la venue du règne paraissent parfois contradictoires : dans certains textes, on a l'impression qu'il sait, qu'il connaît « le secret messianique ». Dans d'autres, au contraire, Jésus semble ne pas savoir, lui non plus, ni le jour ni l'heure. Mais tous les passages montrent que le règne est mystérieux, qu'il est entre les mains de Dieu, et que Jésus est un acteur privilégié dans sa révélation.

Paradoxales encore les paroles sur le règne à venir et sur le règne déjà là. Y aurait-il eu deux moments dans la vie et dans la prédication de l'homme-Jésus : un premier temps au cours duquel Jésus pense que le règne n'adviendra qu'après lui et où il se considère simplement comme l'annonciateur du règne? Un deuxième temps, au cours duquel Jésus saisit de façon inéluctable que le règne correspond au temps de sa venue et de sa marche vers la mort? Les débats entre exégètes restent encore ouverts sur ce point. Néanmoins, on peut dire avec un certain degré de certitude, que Jésus a annoncé le règne comme à la fois « déjà là et pas encore ». La tradition synoptique est ferme.

Proclamer que le règne n'est pas encore là signifie qu'il y a urgence de la conversion. Proclamer que le règne est déjà là, c'est inviter les croyants à gérer de façon dynamique et de manière visible la venue du Christ dans leur vie; témoigner de la nouveauté inspirée par l'attachement à sa personne. Il faut donc maintenir le paradoxe contenu dans les paroles de Jésus sur la venue du règne. Ces paroles ouvrent à une autre conception de Dieu, du Dieu que Jésus connaît et qu'il révèle comme une Bonne Nouvelle.

En donnant ces quelques exemples, nous avons cherché à découvrir comment, dans les Évangiles, on rencontre Jésus à la fois bien enraciné dans une histoire d'homme et témoin d'un nouveau visage de Dieu; les récits d'enfance, la qualité de présence et de relation de l'homme qui parcourait les routes de Palestine, ses paroles d'autorité, ses gestes de libération, sa proclamation du règne qui vient... En tout cela, Jésus demeure aujourd'hui encore proche; très proche et pourtant à une certaine distance. Chaque fois que nous en approchons, son visage nous échappe; nul ne peut mettre la main sur lui, pas davantage l'historien critique que le savant. Et pourtant la foi et la critique, dans un incessant mouvement dialectique, nous font aspirer à le mieux connaître.

Dans tous ces exemples, nous avons également pu comprendre que si Dieu a pris visage d'homme, nous sommes désormais concernés par la venue du règne de Dieu.

JEAN BAPTISTE

Jean Baptiste est l'un des personnages du Nouveau Testament que l'exégèse récente a mis en relief, car il occupe une place décisive. Nous ne ferons guère allusion à la vie personnelle du Baptiste, à son séjour au désert, sa frugalité, son message de conversion. Nous nous limiterons à quelques points de réflexion sur les relations Jean Baptiste/Jésus.

Aux abords de l'ère chrétienne, les mouvements baptistes sont plus ou moins nombreux. Jean appartient à l'un d'eux. Il est vraisemblablement à la tête d'un mouvement et il est accompagné de disciples. Il faut situer le mouvement de Jean dans le cadre des mouvements ou rites d'eau de l'époque et l'en distinguer.

En règle générale, dans la tradition biblique, les rites d'eau sont des rites de purification. En se lavant, l'homme se purifie, c'est-à-dire qu'il se donne les moyens d'entrer en contact avec Dieu. Les rites d'eau ne sont pas une sorte de sacrement de pardon. D'autres institutions de la tradition juive, en particulier les rites sacrificiels, permettent d'obtenir le pardon de Dieu. Si les prêtres se purifient avant d'entrer dans le Temple, ce n'est pas parce que ainsi leurs péchés seraient pardonnés, mais parce qu'ils s'apprêtent à rencontrer la divinité, à célébrer le culte. Selon la perspective du groupe pharisien, tous seront appelés à devenir le peuple célébrant, sacerdotal. En conséquence, tous doivent se purifier. Des règles seront dès lors imposées à tous, mais difficilement praticables par tous. Des groupes plus ou moins sectaires se créent : le salut serait réservé à une élite, celle des « purs ».

Dans ce cadre, et en opposition à de telles interprétations, se développent les groupes baptistes. Alors que dans la perspective pharisienne on se concentre sur des notions étroites de « sainteté », de « justice », le groupe baptiste, en particulier celui de Jean, offre de nouvelles voies pour le salut de tous.

Jean le Baptiste prêche « un baptême de conversion » : le rite d'eau est ici déjà lié au pardon des péchés. De plus, le message du Baptiste est un message qui insiste sur l'universalité :

« Et sortait vers lui tout le pays de Judée, ainsi que tous les habitants de Jérusalem » (*Mc* 1,5).

Luc renchérit en ajoutant une citation supplémentaire d'Isaïe : « Et *toute chair* verra le salut de Dieu » (*Lc* 3,6).

N'est-ce pas ce que fera Jésus? Comment le situer par rapport à Jean Baptiste? Jésus *a marché derrière* Jean Baptiste : l'expression « marcher derrière quelqu'un » équivaut à un autre verbe du Nouveau Testament : « suivre »; elle signifie « devenir le disciple de quelqu'un ». Jésus se coulera dans le message d'universalité du Baptiste; il le fera déborder. Il fera éclater toutes les barrières. Mais Jésus n'annonce pas seulement une Bonne Nouvelle. Il en proclame l'accomplissement. Il engage sa personne pour qu'advienne le règne du salut. Ce n'est plus la conversion ou le geste d'eau qui offre la possibilité de salut, mais la mort sur la croix.

Les premiers chrétiens formuleront progressivement cette foi nouvelle et trouveront les mots appropriés pour le dire : par sa mort, Jésus accorde le pardon des péchés, offre le salut. Le baptême de Jean devient donc insuffisant. *Le livre des Actes* se fait l'écho de l'évolution de la pensée chrétienne sur ce point : *Ac* 19.

A Éphèse, Paul rencontre des disciples qui avaient été baptisés sans avoir reçu l'Esprit saint :

« Paul leur demande : " Quel baptême avez-vous donc reçu? " Ils dirent : " Le baptême de Jean. " Paul dit : " Jean a baptisé un baptême de repentir, disant au peuple de croire en celui qui viendrait après lui, c'est-à-dire en Jésus. " A ces mots, ils furent baptisés au nom du Seigneur Jésus. » (*Ac* 19,3-5).

Le Baptiste est *situé par rapport à Jésus*, comme son

précurseur, son témoin. A travers les quelques passages sur Jean Baptiste du Nouveau Testament (Évangiles et *Actes*), il est possible de restituer certaines étapes du dialogue entre le groupe des disciples du Baptiste et celui de Jésus au premier siècle, et au début du IIe siècle :

– Jésus vient du groupe baptiste; certains disciples de Jean deviennent disciples de Jésus :

« de nouveau Jean se tenait là avec deux de ses disciples. Et regardant Jésus qui passait, il dit : " Voici l'Agneau de Dieu. " Et les deux disciples l'entendirent parler, et ils suivirent Jésus » (*Jn* 1,35-37).

– Un temps au cours duquel Jésus baptise :

« ... Jésus vint avec ses disciples en terre de Judée, et là il séjournait avec eux et il baptisait » (*Jn* 3,22).

Le groupe des disciples de Jésus et le reste des disciples du Baptiste coexistent.

– Puis le dialogue entre les deux groupes devient difficile :

« Il y eut donc une discussion entre les disciples de Jean et un Juif à propos de purification. Ils vinrent vers Jean et lui dirent : " Rabbi, celui qui était avec toi au-delà du Jourdain, celui à qui tu as rendu témoignage, le voilà qui baptise et tous viennent vers lui " » (*Jn* 3,25-26).

– Se distinguent enfin deux groupes :

* un groupe fidèle à Jean Baptiste et à lui seul; il fait de Jean « le » Prophète véritable, celui que l'on attend pour la fin des temps, « la lumière ». Les textes du quatrième Évangile montrent bien comment la tradition chrétienne primitive a cherché à dire la place du Baptiste, contre certains qui prétendaient en faire « la lumière du monde » :

« Il n'était pas la lumière, mais un témoin de la lumière » (*Jn* 1,6-8);

* un groupe qui reconnaît en Jésus le Verbe de Dieu, plus grand que Jean Baptiste. Les textes du quatrième Évangile sont une fois de plus intéressants à mentionner. Le Baptiste témoigne lui-même de la supériorité de Jésus :

– *dans le prologue de l'Évangile :* « Jean témoigne à son sujet, et il crie : celui dont j'ai dit : " celui qui vient après moi est passé devant moi, parce que, avant moi il était ". »

Jean Baptiste dit que Jésus a été son disciple (celui qui vient derrière moi); en même temps, il confesse la prééminence du Verbe, de celui qui était depuis toute éternité (« avant moi il était »);

– *dans d'autres passages de l'évangile : Jn* 1,33ss; 3,27ss. Le groupe des disciples de Jésus dira son enracinement dans la tradition baptiste, même si, de plus en plus, la tâche devient délicate. En effet, le groupe des partisans fervents de Jean Baptiste, non-disciples de Jésus, prend de l'importance. Malgré cela, les disciples de Jésus rappellent leurs liens à Jean Baptiste et en particulier la relation du Baptiste au Christ. Dans la bouche du Baptiste lui-même, cette parole de l'humble témoin : « Il faut qu'il croisse et que je diminue » (*Jn* 3,30). Dans sa réflexion pour dire au mieux le rapport de Jean Baptiste à Jésus, le quatrième Évangile médite sur la position de tout disciple du Christ : comme Jean, il est appelé à devenir témoin, afin que les autres croient (*Jn* 1,6-8); le disciple trouve en Jean un modèle : le témoin est celui qui s'efface pour désigner le Christ. De nombreuses toiles de peintres, sculptures ou retables présentent Jean Baptiste pointant son index vers le Christ, s'effaçant pour que lui grandisse. Tel est le rôle de tout disciple.

LE GROUPE DES DISCIPLES DU CHRIST

Jésus est certes le personnage central de l'Évangile. Jean Baptiste, nous venons de le voir, demande à être situé par rapport à Jésus. Mais Jésus n'est pas souvent seul dans l'Évangile. Les textes des quatre Évangiles mentionnent l'existence d'un petit groupe autour de lui. Nous les désignons par différentes expressions : les disciples, les apôtres, les douze, les amis de Jésus... Les différents termes semblent recouvrir la même expression; mais en bonne exégèse, il faut toujours prêter attention aux mots utilisés et à leurs sens dans tel contexte littéraire. Sans entrer dans les détails de la recherche scientifique sur le groupe qui a véritablement accompagné Jésus au cours de ses pérégrinations terrestres, nous essayerons de clarifier le sens de chacun des termes : disciples, douze, apôtres. Auparavant, rappelons une règle de lecture : lire un texte d'Évangile ne consiste pas à retrouver derrière chaque ligne l'histoire événementielle supposée par le texte, même si un sérieux travail de recherche doit être fait dans ce sens. Il s'agit, pour le lecteur non spécialiste, de s'exercer à une certaine acuité du regard pour découvrir ce que chaque Évangile met en relief. Ainsi, tous les évangiles présentent Jésus accompagné d'un groupe particulier. Mais chaque évangéliste met l'accent sur un point plus précis. Marc souligne le fait que les disciples sont *avec Jésus.* Jean n'insiste pas sur les douze : très peu de références. En revanche, il donne au mot « disciple » qu'il emploie très souvent un sens large : le disciple, c'est tout croyant qui a donné son adhésion à Jésus, le Christ.

Les disciples du Seigneur

Durant sa vie terrestre, Jésus a réuni autour de lui quelques hommes. Ils les a appelés à « marcher » à sa suite, à devenir ses disciples. Le mot « disciple » est un terme technique : en grec, comme en hébreu, il est basé sur le verbe « apprendre ». Le disciple est celui qui *apprend.* La situation maître/disciple, de type particulier, est bien connue dans la Palestine du Iᵉʳ siècle : les rabbis (ou maîtres) regroupent autour d'eux des disciples auxquels ils inculquent des règles précises d'interprétation de la Loi. Ils font école. Jésus, quant à lui, ne se pose pas en maître savant. Il n'institue pas une école : après sa mort, ses disciples ne deviendront pas à leur tour des maîtres. Mais, tout en agissant et en parlant véritablement comme un maître, avec autorité, Jésus se démarque de la façon de faire des rabbis de son époque. S'il ne crée pas une école, il exige cependant que ceux qui le suivent se mettent à son école, par *un attachement inconditionnel à sa personne,* plus qu'à des idées; par *une communauté de destin avec lui,* qui ira jusqu'à le suivre sur le chemin de la mort-résurrection.

S'il ne se situe pas d'abord comme un maître versé dans la Loi, Jésus n'ignore pas celle-ci et il en propose, avec une singulière autorité, une interprétation nouvelle. Il *accomplit l'Écriture* comme le souligne si bien l'évangéliste Matthieu :

> « Je ne suis pas venu renverser (la Loi)
> mais accomplir » (*Mt* 5,17).

Dès lors, qu'est-ce qu'*un disciple?* Seule la lecture précise des textes du Nouveau Testament permet de répondre. Notons quelques traits essentiels de la condition de disciple. Il est appelé à *suivre* le Christ, à *marcher derrière lui.* Ces verbes de mouvement sont ici très importants : le verbe « marcher » (*halak,* dans la tradition juive) renvoie à tout ce qui relève du comportement, de la morale, de la vie pratique (la *halakah*); en conséquence, le disciple ne se définit pas simplement comme quelqu'un qui suit les idées du maître. L'appel de Jésus est inconditionnel et exige un détachement radical (tout quitter) pour un attachement absolu. Les exigences du Maître sont impératives; la réponse du disciple se caractérise par une démarche progressive : c'est *la foi.* Enfin, lorsqu'il s'adresse à ses disciples, Jésus insiste toujours sur la nécessité du chemin vers la croix, en communauté de destin avec lui. Tous les évangélistes disent que la marche ne s'arrête pas à la croix, mais qu'elle est route vers la résurrection. Comme Jésus, le disciple découvre le chemin vers Pâques.

On l'aura remarqué, nous sommes passés d'un niveau historique (les disciples de Jésus), à un niveau théologique (les disciples sont les croyants en Jésus Christ). Les Évangiles conduisent le lecteur vers cette lecture des deux niveaux superposés.

Les douze

Étaient-ils douze au départ? Jusqu'avant la passion? Ou quatre au début, comme le suggèrent certains récits de vocations? Ou encore cinq selon le récit de Jean? Sont-ils venus d'eux-mêmes vers Jésus (cf. *Jn* 1,35-51) ou n'est-ce pas plutôt Jésus qui en a institué douze? Pourquoi les noms des douze diffèrent-ils d'une liste à l'autre? Y a-t-il eu soixante-douze disciples comme le dit Luc?

Les spécialistes se penchent encore sur ces questions. Essayons cependant de dire la signification de cette expression « les douze ». Dans les Évangiles (surtout synoptiques), l'expression « les douze » désigne de manière très spécifique le petit groupe que Jésus a appelé à l'accompagner durant sa vie terrestre.

Douze, nombre symbolique, évoque les douze tribus d'Israël. La communauté-Église symbolisera le nouvel Israël. Dans cette optique, le premier chapitre du *Livre des Actes* relate l'élection de Mathias en remplacement du traître Judas :

« Il faut donc que, parmi les hommes qui nous ont accompagnés pendant tout le temps que le Seigneur Jésus est allé et venu parmi nous, depuis le baptême de Jean jusqu'au jour où il a été enlevé d'auprès de nous, il y en ait un qui devienne avec nous témoin de sa résurrection » (*Ac* 1,21-22).

Dans le livre de l'*Apocalypse* de Jean, sous une forme imagée et symbolique, on retrouve la même idée :

« Et la muraille de la ville a douze assises, et sur elle douze noms, ceux des douze apôtres de l'Agneau » (*Ap* 21,14).

Paul ne fait mention des douze qu'une seule fois, mais dans un texte majeur, puisqu'il s'agit d'une formule kèrygmatique (cf. p. 57) :

« Il est apparu à Kèphas, puis aux Douze » (I *Co* 15,5).

Le caractère symbolique du chiffre l'emporte certainement sur la réalité événementielle. Il reste difficile de dire si oui ou non, ou à partir de quel moment ils furent douze en nombre. Très tôt, le chiffre douze devient une façon de désigner le collège des apôtres. Mais que recouvre ce mot?

Les apôtres

Dans l'ensemble du Nouveau Testament, surtout dans les *Actes* et dans les épîtres de Paul, le terme « apôtre » se réfère tantôt au *groupe des douze :*

« Jésus avait donné ses ordres aux apôtres qu'il avait choisis » (*Ac* 1,2); tantôt, selon le sens étymologique, à celui qui est *envoyé pour accomplir une mission.* Apôtre vient en effet du terme grec *apostolos,* lui-même formé sur le verbe *apos-*

tellein qui signifie « envoyer ». Progressivement, le terme désignera le groupe des douze (apôtres), de manière quelque peu privilégiée. Mais Paul, qui ne fait pas partie du groupe des douze, revendique à plusieurs reprises le titre d'apôtre. Il affirme ainsi qu'il a été mandaté pour prêcher l'Évangile. La parole qu'il proclame lui vient, non de la part des hommes, mais du Seigneur :

« Paul, apôtre, non de la part des hommes, mais par Jésus Christ et Dieu Père qui l'a relevé d'entre les morts » (*Ga* 1,1).

On peut se rendre compte de l'importance de ce titre chez Paul en lisant les premiers versets des épîtres suivantes : *Ro,* I et II *Co, Ga, Ep, Col,* I et II *Tm, Ti.* Paul se dit apôtre :

– au sens où *il a vu le ressuscité,* sur le chemin de Damas; il a reçu mission d'être témoin de la Résurrection (comme Mathias : *Ac* 1);

– au sens où *il est envoyé* de manière plus spécifique *en mission* auprès des païens. Il devient un ambassadeur.

En conclusion, si le disciple se caractérise plutôt par la *vocation* (appel/réponse de foi), l'apôtre se définit davantage sur le registre de la *mission* (envoi/témoignage).

Bien entendu, les trois expressions (disciple, douze, apôtre) font référence à une expérience historique précise et concrète, vécue par un groupe restreint au départ. Comme tels, les trois termes se confondent souvent dans les textes. Il est clair que cette expérience n'est pas relatée pour être aussitôt reléguée dans les dossiers de l'histoire événementielle. Les premiers chrétiens relisent et actualisent l'expérience de Jésus et de ses disciples. L'Église se fonde essentiellement sur cette base évangélique. Aujourd'hui encore, les termes « disciples », « apôtres », déterminent la condition des croyants dans l'Église chrétienne : disciples et apôtres de Jésus Christ.

PAUL

S'il est un personnage que l'on ne peut passer sous silence en lisant le Nouveau Testament, c'est bien Paul. Nous le connaissons grâce à deux types d'écrits : par le *Livre des Actes* et par Paul lui-même dans ses épîtres. Les deux types de textes peuvent souvent être mis en regard l'un avec l'autre. Les points de ressemblance sont importants. Mais on constate aussi bien des divergences entre le Paul du *Livre des Actes* et celui des épîtres. Les points relatifs à la biographie de l'apôtre ne concordent pas toujours.

A nouveau s'impose une règle de lecture : chaque texte doit être placé dans son contexte immédiat, ainsi que dans le contexte plus large du livre, en tenant compte du propos théologique mis en œuvre. Il faudra donc replacer les textes concernant Paul, soit dans le cadre du *Livre des Actes* en tenant compte de la théologie de son auteur (l'auteur du *Livre des Actes* est probablement Luc); soit dans le cadre de telle ou telle épître en tenant compte du contexte immédiat, mais surtout de l'argumentation de Paul : pourquoi dit-il telle chose? Dans quel but?

Paul, disciple du ressuscité

Impossible de lire les écrits de Paul, d'en mesurer la force théologique, si l'on ne tient pas compte de son attachement au Seigneur ressuscité. Tout a commencé un jour, sur la route de Damas. Un Juif convaincu part à Damas pour y persécuter des hommes qui se réclament du nom de Jésus. Subitement, cet homme est terrassé, dépossédé de ses convictions, démuni, anéanti, aveuglé... Les qualificatifs n'y suffisent plus pour traduire son état de prostration! Dans une page magnifique du *Livre des Actes,* Luc transmet l'histoire de la vocation de Paul (*Ac* 9,1-23). Il s'agit d'un véritable retournement, d'une conversion. Lorsqu'il raconte lui-même l'expérience, Paul dit qu'il a eu une *révélation;* ce mot doit être pris dans un sens très fort (*Ga* 1,12.16). L'expérience de Paul se caractérise donc plutôt comme *une vocation.* A trois reprises, Luc transmet le récit de la vocation paulinienne (*Ac* 9,1-23; 22,1-26; 26,1-19). Paul y fait plusieurs fois allusion, sous des formes variées : *Ga* 1,11,17; I *Co* 15,8-10; *Ph* 3,5, etc. Nous pouvons appliquer à Paul les qualificatifs du « disciple » (voir p. 33-34). Jésus *l'appelle.* Paul *répond dans une démarche de foi.*

Il devient disciple, prêt à *tout quitter* pour *suivre* le Christ dans son *itinéraire pascal.*

« Je suis à jamais crucifié avec le Christ » (*Ga* 2,19). Les lettres de Paul témoignent de façon vivante du radicalisme de l'attachement du disciple au ressuscité. Au fur et à mesure de la lecture des lettres de Paul, on relèvera attentivement les passages où il s'exprime à la première personne pour dire cet attachement :

– « Je vis, mais non plus moi. C'est Christ qui vit en moi » (*Ga* 2,19-21).

– « A cause de lui, j'ai tout sacrifié » (*Ph* 3,8), etc.

Paul se présente comme un disciple passionné de Jésus Christ mort et ressuscité, qu'il désignera, conformément à la première tradition chrétienne, comme « le Seigneur ». Du fait même de son expérience, Paul s'adresse avec une liberté absolue, parfois déconcertante pour le lecteur d'aujourd'hui, aux différents groupes de chrétiens. Tous ses écrits sont traversés par une extraordinaire audace, celle d'un croyant convaincu et déterminé à toujours mieux connaître ce Jésus qui l'a aimé, s'est livré aux hommes, pour manifester la gloire de Dieu :

« Ce que maintenant je vis dans la chair, c'est dans la foi que je le vis, celle du Fils de Dieu qui m'a aimé et s'est livré pour moi » (*Ga* 2,21). Fondé sur une invincible espérance en Celui qui l'a appelé, Paul ira jusqu'à se vanter, s'enorgueillir, dans une fierté qui ne peut aller que jusqu'à l'excès :

« Cette vanterie, personne ne la réduira à néant » (I *Co* 9,15). Voir aussi II *Co* 3,12; 5,8; 10,17. Parce qu'il s'appuie sur cette espérance en Jésus Christ ressuscité, Paul exprime avec une radicale assurance sa foi et ses convictions. En nous imprégnant de ses épîtres, nous pouvons découvrir quel attachement Paul, disciple, voue à son Seigneur. Le *Livre des Actes* nous présente plutôt l'apôtre, missionnaire, fondateur de communautés.

PETITE CHRONOLOGIE PAULINIENNE

Chronologie absolue. Dans le *Livre des Actes,* nous possédons quelques points fixes qui permettent de situer la carrière de Paul. Indiquons les principaux passages. L'on voudra bien s'y reporter et lire les notes des Bibles correspondantes;

Ac 11,28 fait mention de la famine sous l'empereur Claude; vers les années 47-48;

Ac 18,1-2 présente Aquilas et Priscille et, à cette occasion, fait mention de l'expulsion des Juifs par Claude, vers l'an 49;

Ac 18,12 : le proconsulat de Gallion. Proconsul vers 51-52. Paul est donc à Corinthe vers l'an 50.

Chronologie relative.

Elle indique dans quel ordre les épîtres sont apparues ainsi que les déplacements de Paul. Par recoupements avec les données des *Actes,* des épîtres et des éléments de chronologie absolue, on peut proposer une chronologie des événements et des lettres.

Ci-dessous la chronologie proposée par L. Vesco, dans son magnifique ouvrage *EN MÉDITERRANÉE AVEC L'APÔTRE PAUL.* Paris, Cerf, 1972, pp. 232-233.

CHRONOLOGIE DE LA VIE DE SAINT PAUL

EMPEREURS ROMAINS CONTEMPORAINS DE PAUL

27 av. J. C. 14 ap. J. C. : Auguste
14-37 : Tibère 41-54 : Claude
37-41 : Caligula 54-68 : Néron

DATES	FAITS PRINCIPAUX	ÉPÎTRES
7/6 av. J. C.	Naissance de Jésus	
5/10 ap. J. C.	Naissance de Paul à Tarse	
	Première éducation à Tarse	
20-25	Paul élève de Gamaliel à Jérusalem	
27-30	Vie publique de Jésus	
Pâque 30	Mort et Résurrection de Jésus	
Vers 33/34	Martyre d'Étienne	
	Paul persécute les chrétiens	
Peu après	Conversion de Paul sur la route de Damas	
	Prédication à Damas et en Arabie	
Vers 36/37	Première visite de Paul aux apôtres à Jérusalem	
44-45	Barnabé arrive de Jérusalem à Antioche, va chercher Paul à Tarse, prêche avec lui pendant un an à Antioche	
45-49	*Première mission de Barnabé et Paul :*	
	Antioche, Chypre, Pergé, Antioche de Pisidie, Iconium, Lystres, Derbé	
	Retour à Antioche par Attalie	
49	Assemblée de Jérusalem : les convertis du paganisme ne sont pas soumis aux observances de la loi juive	
Peu après	Incident d'Antioche : conflit entre Pierre et Paul	
49-52	*Deuxième mission de Paul* accompagné de Silas, Timothée et Luc : Antioche, Tarse, Derbé, Lystres, détour par la Galatie, nouveau détour par la Mysie, arrivée à Troas	
	Passage en Europe : Philippes, Thessalonique, Athènes	

DATES	FAITS PRINCIPAUX	ÉPÎTRES
	Séjour à Corinthe (Hiver 50-Été 52)	I et II Thessaloniciens
	Retour par Éphèse, Césarée et Jérusalem à Antioche	
53-58	*Troisième mission de Paul :* Antioche, Tarse, traversée de la Galatie et de la Phrygie	
	Séjour à Éphèse (pendant trois ans au cours desquels il fait une courte visite à Corinthe), quitte Éphèse à la fin de 57, va à Corinthe où il passe l'hiver 57-58	I Corinthiens Philippiens (?) Galates II Corinthiens Romains
	Retour par Philippes (Pâques 58), Troas, Assos, Milet, Rhodes, Tyr, Césarée, Jérusalem	
Pentecôte 58	Arrestation de Paul au Temple, comparution devant le Sanhédrin, comparution devant Félix à Césarée	
58-60	Paul, prisonnier à Césarée, comparution devant Festus, Agrippa et Bérénice	
Automne 60	*Transfert à Rome :* Sidon, Chypre, Crète, pris par la tempête, fait naufrage à Malte où il passe l'hiver; repart pour Syracuse, Rheggium, Puteoli et Rome	Philippiens (?)
61-63	Paul à Rome en résidence surveillée. Fructueux apostolat	Colossiens Éphésiens
63	Libération de Paul : peut-être voyage en Espagne	Philémon
Vers 65	Paul revient une dernière fois en Orient : Éphèse, Crète, Macédoine	I Timothée Tite
67	Paul prisonnier à Rome, condamné et décapité	II Timothée
Après 70	Leur livre est le seul Pentateuque et comme le dit le Nouveau Testament (*Ac* 23,8) « Ils disent qu'il n'y a ni résurrection, ni ange, ni esprit ».	

Paul, Apôtre des Nations

Lorsqu'il compose son ouvrage, l'auteur du *Livre des Actes* choisit parmi les traditions dont il dispose, les matériaux qui semblent le mieux convenir à son propos. Il proclame l'étonnante croissance de l'Église, même s'il faut pour ce faire, exagérer quelque peu les chiffres : pour dire à tous que la parole de Dieu est agissante jusqu'en terre païenne. Dans ce contexte, Paul est considéré comme un personnage-type, l'apôtre des nations par excellence. Le *Livre des Actes* en fait le premier missionnaire chrétien.

– Missionnaire, parce qu'il ne cesse de diriger ses pas vers les terres païennes, pour y annoncer l'Évangile. Toute sa vie peut être décrite par ses trois voyages, dits habituellement « voyages missionnaires ». Il a reçu mission spéciale auprès des païens, lors de sa *vocation* sur le chemin de Damas :

« Cet homme m'est un instrument de choix pour porter mon Nom devant les nations, et les rois et les fils d'Israël » (*Ac* 9,15).

– Missionnaire à l'esprit ouvert, de par sa formation, de par son tempérament. Formé aux méthodes rabbiniques, dans l'esprit très large de son maître Gamaliel, ouvert à la culture hellénistique, Paul est homme de parole, de discours. En témoignent dans le *Livre des Actes,* les discours que Luc met dans sa bouche : lire par exemple *Ac* 13 et *Ac* 17. A l'aide des notes des Bibles, on pourra constater comment chacun de ces deux discours est adapté à l'auditoire, juif, puis grec.

– Missionnaire dans son rôle pastoral de *fondateur de communautés.* Le zèle pastoral le pousse à se préoccuper sans cesse des communautés qu'il a fondées. Il les visite ou leur envoie des délégués, veille toujours à affermir l'enseignement donné, à rappeler comment le mystère pascal est la mesure de toutes choses pour un chrétien.

Tel un pasteur, Paul exhorte, encourage, reprend, réajuste, menace, etc. Toute sa vie est « mangée » par la préoccupation de la mission. Il est bon de relire à ce propos les quelques lignes adressées aux Corinthiens (2 *Co* 11,23). L'apôtre y exprime avec véhémence l'« obsession de chaque jour, le souci de toutes les églises » (2 *Co* 11,28).

Paul a fondé beaucoup de communautés. Dans l'organisation du christianisme primitif, son rôle est prépondérant. Bien des premières communautés chrétiennes ont entendu parler pour la première fois du Christ par la bouche même de l'apôtre. Beaucoup, mais pas toutes. Tantôt accompagné, tantôt seul, Paul prêche l'évangile et rien que l'évangile : la Bonne Nouvelle.

En suivant l'itinéraire de Paul dans le *Livre des Actes,* il est possible de voir comment procède l'apôtre lorsqu'il fonde les communautés. La présentation schématique est celle de Luc, certes; mais le schéma suivi s'inspire, sans nul doute, des façons de faire de la première mission chrétienne.

• Dans la plupart de ses voyages missionnaires, *Paul frappe à la porte des grandes métropoles.* Il se tourne vers les cités de grand renom comme Éphèse, Corinthe, etc. Par formation et par tempérament, il a le goût et l'ouverture nécessaire pour *rencontrer, affronter aussi, ce monde particulièrement vivant et culturellement très riche des grandes cités.* Il s'agit probablement d'une des caractéristiques de la mission de Paul propre à sa personnalité. Cela donne au message chrétien du Nouveau Testament une tonalité originale.

• *Paul cultive la communion avec Jérusalem.* Au point de vue matériel, comme au point de vue théologique, sur le plan des relations personnelles comme sur le plan de l'efficacité pastorale, constamment, Paul manifeste *le souci de l'unité avec Jérusalem.*

A plusieurs reprises dans ses lettres, Paul dit l'importance du geste de *la collecte.* Il s'agit d'une action de charité, de bienfaisance, organisée dans le monde gréco-romain, en faveur de la communauté de Jérusalem, pour aider cette communauté, composée en majeure partie de pauvres; et ce n'est pas simplement une étiquette. Paul a pris un engagement à cet égard : peut-être lors de l'assemblée avec les autorités de Jérusalem : *Ac* 15?

Mais derrière le fait de la collecte, il importe de saisir le motif théologique. Le raisonnement de Paul ne correspond pas à nos conceptions du XXe siècle. Il raisonne à partir des catégories juives de l'époque : *le salut est destiné en priorité aux Juifs.* En seconde ligne seulement, aux Grecs, aux païens. Si donc les païens ont accès au salut, c'est parce que les Juifs ont été, d'une certaine façon, des intermédiaires. En conséquence, le geste de la collecte n'est pas simplement l'équivalent de la quête du dimanche, en faveur d'une communauté plus démunie. C'est un geste symbolique de *reconnaissance* pour la transmission de la possibilité de salut. Pour cette raison, elle sera désignée dans le Nouveau Testament, comme une liturgie *(leitourgia),* un culte ou un service *(diakonia);* elle symbolise la communion entre les Juifs et les païens. Ainsi dans ce passage à la fin de l'épître aux Romains :

« Mais maintenant je me rends à Jérusalem pour le *service* des saints. La Macédoine et l'Achaïe ont en effet décidé de *faire une collecte* pour les pauvres d'entre les saints de Jérusalem. Elles l'ont décidé et *elles le leur doivent;* car si les nations *ont participé à leurs biens spirituels,* elles *doivent* à leur tour *les servir (leitourgéô)* dans les choses temporelles. Quand donc j'aurai achevé cette affaire et que je leur aurai remis le fruit (de cette collecte), j'irai en Espagne » (*Ro* 15,25-28).

L'expression « faire une collecte » est la traduction du verbe « partager = mettre en commun »; ce même verbe se retrouve dans l'expression « ont participé » (le verbe *koinoô*). La *koinônia,* c'est la communion. Sur le motif de la collecte, on pourra lire entre autres textes : *Ro* 11,17 ss; 2 *Co* 8; à l'aide des notes des Bibles.

Paul et l'annonce de l'évangile

Lorsqu'il s'adresse aux juifs ou aux païens qui veulent devenir chrétiens, Paul s'adapte à son auditoire. On pourra constater la différence de ton entre *Ac* 13 et *Ac* 17 : dans le premier discours, Paul s'adresse à des juifs, c'est-à-dire à un auditoire qui connaît parfaitement les Écritures. Il part de cette base pour leur annoncer la nouveauté évangélique. Dans le discours sur la place publique d'Athènes, il s'adresse aux Grecs qui sont versés dans la poésie et dans des discours de sagesse; Paul utilise ce biais pour commencer à leur annoncer l'Évangile. Mais le message reste le même : il ne s'agit d'annoncer que l'Évangile et rien d'autre que l'Évangile, aux uns et aux autres. Qu'il s'adresse aux juifs ou aux païens, Paul reste ferme sur deux points essentiels :

* *La Bonne Nouvelle s'enracine dans le dessein de Dieu.* La référence aux Écritures n'est pas seulement un moyen de se faire bien comprendre par les juifs. Aux païens également, Paul dira la nécessité de la référence à l'Écriture : la Parole de Dieu s'accomplit. Les premières proclamations du message pascal montrent bien que la référence aux Écritures est une donnée essentielle de la foi chrétienne. Aux uns et aux autres, Paul montre que la Bonne Nouvelle *s'enracine dans le dessein de Dieu.*

* Aux juifs comme aux païens, Paul annonce la Bonne Nouvelle en insistant sur *la liberté de l'évangile.* Étonnant radicalisme de Paul dans ce constant retour à l'Évangile et uniquement à l'Évangile : Jésus Christ mort et ressuscité;

« Car ni la circoncision n'est quelque chose, ni l'incirconcision, mais seulement la créature nouvelle » (*Ga* 6,15). Ce même souffle évangélique, le souffle de l'Esprit saint traverse toutes les épîtres.

Paul écrivain

Sur les vingt-sept écrits du Nouveau Testament, treize sont de Paul ou dans la ligne de Paul. Ce dernier est surtout connu par ses lettres ou épîtres, qui constituent une large part du Nouveau Testament. Adressées à des communautés ou à des individus, elles répondent à des objectifs variés et sont de longueurs inégales.

Quant à la forme, on peut les classer en trois catégories : le billet, la lettre et l'épître.

Le simple billet, rapidement écrit, pour régler une affaire ponctuelle; tel le billet à Philémon. Avec une tendresse très attentive, Paul recommande à Philémon un esclave repenti, Onésime.

La lettre, dans laquelle l'auteur réagit souvent « à chaud » sur une question donnée. Ainsi la lettre aux Galates. Paul se

LES ÉPÎTRES DE PAUL

Toutes les épîtres dites « de Paul » ne sont pas de sa main. A l'heure actuelle un certain consensus s'établit parmi les exégètes. On reconnaît comme « authentiques » ou « pauliniennes » les épîtres suivantes : *Ro,* 1 et 2 *Co, Ga, Phil,* 1 *Th, Phm.*

Sont plus ou moins contestées, déclarées « non pauliniennes » : 2 *Th, Col, Eph* et les épîtres dites pastorales, à savoir 1 et 2 *Tim, Tt.*

On distingue habituellement trois grands groupes :

– Les grandes épîtres : *Ro, Co, Ga.*

Les deux épîtres aux Thessaloniciens appartiennent habituellement à ce groupe.

– Les épîtres de la captivité ainsi désignées parce que Paul y fait allusion à son emprisonnement : *Eph, Phil, Col, Phm.*

– Les épîtres pastorales adressées à des personnes (non à des communautés) assumant des responsabilités pastorales (ce qui n'est pas le cas du billet de Philémon) : 1 et 2 *Tim.* Paul a rédigé d'autres lettres, comme en témoignent les épîtres au Corinthiens : 1 *Co* 5,9; 2 *Co* 2,3-4; *Col* 4,16.

---

laisse à ce point emporter par son sujet qu'il en oublie de formuler les habituels souhaits de sympathie en début de lettre.

L'épître constitue un véritable traité de théologie. Paul démontre, argumente, point par point. On peut ainsi considérer l'Épître aux Romains. Sœur jumelle de la lettre aux Galates, l'Épître aux Romains se caractérise précisément par le ton *ex professo* avec lequel Paul développe l'essentiel du message chrétien.

Néanmoins, toutes les épîtres de Paul suivent à peu de choses près le modèle de la lettre, suivant un genre littéraire spécifique; les composantes sont : l'adresse, le corps de la lettre, la salutation finale.

L'adresse mentionne le destinateur et les destinataires, ainsi que des salutations. Celles-ci sont plus ou moins développées théologiquement; par exemple : « à vous grâce et paix de la part de Dieu notre Père et du Seigneur Jésus Christ ». Paul y joint souvent une formule de prière à l'aide de laquelle il s'adresse de façon plus précise à son auditoire.

Le corps de la lettre varie bien entendu d'un écrit à l'autre, mais il s'articule assez souvent en deux parties : la première étant plus théologique, dogmatique; la seconde comprend plutôt des exhortations, et se situe sur le plan éthique, parénétique. Voir par exemple l'Épître aux Romains :

– chapitres 1-11 : partie dogmatique
– chapitres 12-16 : partie parénétique.

Mais ces deux parties sont *articulées* l'une sur l'autre; autrement dit, Paul ne fait pas de théologie en laboratoire. Ce qu'il affirme théologiquement dans la partie dogmatique a un impact sur le comportement du croyant (dans la partie parénétique).

La salutation finale intègre souvent une formule liturgique de bénédiction ou d'action de grâces.

En conclusion à ce long paragraphe sur Paul, nous pouvons dire que sa personne et son œuvre ont marqué le christianisme naissant et marqueront de façon sensible les énoncés de la foi chrétienne. Les lettres pauliniennes, authentiques ou non, occupent une grande place dans le Nouveau Testament. Le message de l'apôtre, mais aussi son activité telle qu'elle est racontée par exemple dans le *Livre des Actes des Apôtres,* font de Paul un premier témoin d'importance. Même la mission de Pierre semble effacée au profit de celle de Paul. Cela signifie qu'il n'est pas possible d'étudier le Nouveau Testament sans regarder attentivement ce qui concerne Paul et ses écrits. Mais cela veut dire aussi qu'il faut porter sur ce fait un regard critique. Deux remarques à ce sujet :

1) *L'Église naissante n'est pas représentée uniquement par Paul.* C'est une banalité de le dire; encore faut-il en prendre conscience dans notre lecture du Nouveau Testament. Nous devons aussi considérer les autres courants missionnaires premiers et leur accorder l'importance qu'ils avaient. Travail

délicat auquel s'attachent plusieurs exégètes à l'heure actuelle *. Le christianisme des débuts se présente sous des traits fort variés : il est *en recherche.*

2) Autre élément du regard critique que nous devons porter, face à l'importance du personnage de Paul dans le Nouveau Testament : il faut distinguer dans les écrits pauliniens *différents types ou étapes du paulinisme.* La théologie paulinienne se développera de diverses façons, souvent en dehors de la pensée primitive de son auteur (particulièrement dans les épîtres pastorales, Timothée, Tite).

---

* L'ouvrage de R. Brown traduit en français : R. Brown, *L'Église héritée des Apôtres,* CERF (Lire la Bible n° 76), Paris, 1987.

III – VISITONS QUELQUES PREMIÈRES COMMUNAUTÉS

Le Nouveau Testament est à la fois un et divers. Son unité, il la doit à la proclamation de la mort-résurrection de Jésus Christ. Ses tendances variées proviennent des milieux différents dans lesquels le message pascal de la Bonne Nouvelle fut entendu, vécu, reçu donc, puis transmis. Aujourd'hui, de nombreux exégètes tentent d'esquisser le portrait de la communauté chrétienne primitive aux visages multiples. Le christianisme naissant n'a rien d'une uniformité rigide. Les écrits néotestamentaires montrent au contraire que ce christianisme est en recherche, et que, de façon dynamique et créative, sous le souffle de l'Esprit de Pentecôte, s'élaborent mille et une façons de témoigner de Jésus Christ mort et ressuscité.

Même si ce domaine de la recherche est encore en pleine investigation et à l'état d'hypothèses, nous voudrions présenter en quelques lignes rapides certaines des premières communautés. Ce travail peut être d'un grand intérêt pour une lecture « actualisée » du Nouveau Testament : l'Église d'aujourd'hui n'est-elle pas également une et plurielle?

LA COMMUNAUTÉ-MÈRE : L'ÉGLISE DE JÉRUSALEM

La communauté de Jérusalem nous est connue par le *Livre des Actes des Apôtres :* lire *Ac* 1 à 3 et *Ac* 15; Paul y fait allusion également; dans les évangiles synoptiques, certaines traditions anciennes se rattachent aux conceptions théologiques de l'église de Jérusalem. On retrouvera également ces mêmes accents théologiques dans des documents chrétiens légèrement postérieurs au Nouveau Testament. C'est dire que l'on est en mesure aujourd'hui de suivre un peu mieux la trajectoire d'une ligne théologique particulière, sa continuité, son évolution.

Dans le *Livre des Actes des Apôtres,* Luc trace un tableau idéal de la communauté primitive à Jérusalem. Un examen critique attentif, accompagné d'une comparaison avec d'autres passages du Nouveau Testament, permet d'indiquer, à titre d'hypothèse, quels furent les accents théologiques majeurs de l'église de Jérusalem. Comme tout groupe « chrétien » de la première moitié du Ier siècle, cette communauté est essentiellement composée de Juifs, fidèles aux coutumes juives, attachés au Temple. Pourtant, ils se distinguent des autres Juifs de Jérusalem; pourquoi? Parce qu'ils confessent le Nom de Jésus.

Ils le reconnaissent comme *Christos* (Christ); c'est le mot grec qui traduit le terme hébreu « Messie » (*Ac* 2,21.38;3,16). Reconnaître Jésus comme le Messie, c'est affirmer la venue des temps messianiques annoncée par les prophètes : « Afin que viennent d'auprès du Seigneur des moments de rafraîchissement, et qu'il envoie celui qui vous a été destiné d'avance comme Christ : Jésus, que le ciel doit recevoir jusqu'au temps du rétablissement de toutes choses, dont Dieu a parlé par la bouche de ses saints prophètes des temps anciens. » (*Ac* 3,20-21). Les termes utilisés par Luc dans ce passage donnent parfaitement le ton quelque peu « archaïque » des premières interprétations chrétiennes des Écritures.

A la lumière des Écritures qu'ils connaissent bien, ces « judéo-chrétiens » de tradition juive-araméenne annoncent que Jésus Christ, par sa mort-résurrection, inaugure les temps nouveaux, les temps eschatologiques. Comme l'annonçait le prophète Joël, voici venu le temps de l'irruption de l'Esprit. Empruntant les mots du prophète, et montrant ainsi comment l'Écriture s'accomplit (cf. ci-dessus), Pierre explique les événements d'après Pâques :

« Je répandrai mon esprit sur toute chair... quiconque invoquera le nom du Seigneur sera sauvé... » (*Ac* 3,17-21).

Le peuple juif, dans l'Ancien Testament, est caractérisé par cette attente fébrile du Messie. Il viendra pour restaurer la communauté, la renouveler, lui communiquer un souffle nouveau. Les prophètes se font maintes fois les interprètes de cette attente. L'église de Jérusalem se comprend comme la communauté visitée, revivifiée par le Messie : elle est le « nouvel Israël ». L'élection de Mathias prend tout son sens dans ce contexte, car il importe de reconstituer le collège des douze (voir *Ac* 1,15-26). Dans l'épisode relaté au premier chapitre du *Livre des Actes,* sur l'élection de Mathias, il ne s'agit pas en premier lieu de constituer une structure hiérarchique d'autorité; le texte témoigne d'une volonté de manifester *l'ère eschatologique :* les temps nouveaux sont advenus, le temps de l'Esprit.

Des formules liturgiques particulières ont développé cette

EXTRAITS DE LA DIDACHE

« IX, 1 Pour ce qui est de l'eucharistie, rendez grâces ainsi :
2 D'abord sur le calice :
Nous te rendons grâces, notre Père,
Pour la sainte vigne de David, ton serviteur,
Que tu nous as fait connaître, par Jésus, ton serviteur.
– A toi la gloire pour les siècles.
3 Puis, sur le pain rompu :
Nous te rendons grâces, notre Père
Pour la vie et la connaissance
Que tu nous as fait connaître par Jésus ton serviteur.
– A toi la gloire pour les siècles

....

IX, 6 Vienne la grâce et que passe ce monde!
« Hosanna au Dieu de David!
Si quelqu'un est saint, qu'Il vienne!
Si quelqu'un ne l'est pas, qu'il fasse pénitence!
Maran Atha! Amen! »

---

accentuation de l'eschatologie. Jésus est célébré comme le Seigneur, celui qui vient. L'*Apocalypse* de Jean (*Ap* 22,20) nous a fort heureusement conservé une de ces anciennes formes en araméen : *Maranatha!* Seigneur, viens! Les premières célébrations eucharistiques, temps du partage et de la fraction du pain, vécues en toute simplicité et dans l'allégresse de cœur (*Ac* 2,46), furent probablement très imprégnées de l'attente eschatologique, d'une tension vers le retour du Seigneur. Une des formulations anciennes des paroles de l'eucharistie que Paul rappelle aux Corinthiens, se situe dans cette même perspective :

« Vous annoncerez la mort du Seigneur *jusqu'à ce qu'il vienne* » (I *Co* 11,26).

Le lien entre l'eucharistie, repas du Seigneur, et l'eschatologie se trouve formulé dans les récits évangéliques de l'institution de l'eucharistie, notamment chez Luc (*Lc* 22,14-18; 28-30).

En définitive, nous retenons volontiers de la communauté-mère de Jérusalem l'accent mis sur la venue du Seigneur; il est ce Messie attendu, qui renouvelle toutes choses (*Ac* 3,20-21). Le récit de Pentecôte, au début du *Livre des Actes,* manifeste de façon éclatante comment l'Esprit fait irruption et transforme. L'importance accordée à l'eschatologie en ces premiers temps et premiers lieux du christianisme est significative. Les autres courants chrétiens, celui de Paul, en particulier, développeront aussi, bien que différemment, cette ligne théologique essentielle de toute vie chrétienne. Aujourd'hui encore, comment savons-nous dire dans notre comportement de chrétiens la nécessaire tension vers l'eschatologie?

LE GROUPE DES HELLÉNISTES

Le texte des *Actes des Apôtres* (*Ac* 6-7; 11,19-20) est très court; trop pour que nous puissions décrire avec précision et certitude le groupe des Hellénistes dont il est question. Dans les recherches exégétiques récentes, ce groupe retient l'attention des critiques, car il témoigne d'un aspect original du judéochristianisme primitif. A titre d'hypothèse, on peut définir l'influence de ce mouvement, en évoquant d'autres traditions néotestamentaires : certaines idées théologiques que l'on retrouve dans le quatrième Évangile et dans l'épître aux Hébreux.

Le texte lucanien d'*Ac* 6-7 est d'une composition très soignée. L'auteur utilise d'anciennes traditions, mais elles sont difficiles à retrouver dans leur teneur première, tant elles ont été polies pour appuyer le propos théologique de l'ouvrage. Ainsi dans le discours d'Étienne. Mais si l'on ne peut dégager de manière ferme les traditions premières, on arrive du moins à indiquer quelques notions clés probablement caractéristiques du groupe des Hellénistes.

Le groupe des sept, qui sont désignés par leurs noms propres dans *Ac* 6, fait partie du groupe plus large des « Hellénistes ». Ceux-ci se distinguent, à Jérusalem, de la majorité des Juifs s'exprimant en hébreu-araméen. Jérusalem sera très marquée par l'hellénisme. Haut-lieu du judaïsme, pour les habitants de Jérusalem comme pour ceux de la Diaspora, Jérusalem se laissera aussi envahir par l'inculturation hellénistique. Les synagogues spécifiques, pour ceux qui s'expriment en langue sémitique, pour ceux qui parlent grec, manifestent un réel souci de dire l'importance de la Loi, pour les gens de culture juive-araméenne, comme pour les Juifs de culture grecque.

Des discussions exégétiques récentes, on peut retenir que les Hellénistes sont des gens qui parlent grec, et que leurs conceptions sont parfois assez hostiles à l'encontre du Temple. Un exemple est précisément fourni par le discours d'Étienne : « Le Très Haut n'habite pas dans ce qui est fait à la main » (*Ac* 7,48). Très nettement, le discours d'Étienne s'achève par une rupture avec les Juifs (52-53). Ceux-ci l'accusaient déjà, avant qu'il ne prononçât son discours (v. 13-14), par l'intermédiaire de faux témoins : « Ils produisirent de faux témoins qui dirent : " cet homme ne cesse de prononcer des paroles contre le Lieu Saint et la Loi. Nous l'avons entendu dire, en effet, que Jésus, ce nazôréen, détruirait ce lieu et changerait les coutumes que Moïse a transmises ". »

Le ton ressemble à certains passages du quatrième Évangile

dans lesquels Jésus est suspecté par les Juifs; ces derniers soupçonnent en lui une attitude anti-temple. En effet, selon Jean, Jésus se situe dans une perspective cultuelle toute nouvelle : le temple sera le temple de son corps (*Jn* 2,19). Il n'y aura plus de temple, ni à Jérusalem, ni sur le mont Garizim, mais « un culte en esprit et vérité » (cf. *Jn* 4). Dans l'histoire du christianisme naissant, un groupe de chrétiens hellénistes a développé de façon plus systématique les paroles de Jésus; ces paroles du Seigneur ont été réinterprétées en fonction de ce que vivaient les premiers chrétiens. Témoins de la destruction du temple juif d'une part, ils devenaient, d'autre part, les témoins d'une Église, Temple nouveau, qui se construisait en dehors des catégories cultuelles juives.

A une certaine étape de sa longue élaboration (mais pas lors de la dernière), la tradition johannique développera elle aussi une théologie anti-temple. Les fêtes cultuelles juives deviennent caduques à cause de la venue de Jésus Christ. On trouvera dans le livre de l'Apocalypse des tendances similaires. Même si ce livre de révélation n'est pas de la même main que l'Évangile de Jean, il n'en communie pas moins à une même école de pensée. La Jérusalem céleste sera la cité sans temple : « De temple il n'y en aura plus » (*Ap* 21,22).

La théologie de l'épître aux Hébreux s'inscrit également dans cette ligne : le sanctuaire (saint des saints) est remplacé par le Christ qui siège à la droite de Dieu dans le ciel. Ainsi *He* 8 qui n'est pas sans rappeler *Ac* 7 :

Hébreux 8	*Actes 7*
V. 1 Nous avons un tel grand prêtre qui s'est assis *à droite du trône* de la Majesté dans *les cieux.*	V. 48 Mais le Très-Haut n'habite pas dans ce qui est fait à la main, selon ce que dit le prophète : *le ciel est mon trône.*
Cf. *Jn* 1,51,3 Vous verrez le *ciel ouvert* et les anges de Dieu monter et descendre au-dessus du *fils de l'homme.*	V. 54-56 Étienne, les yeux fixés *vers le ciel,* vit la gloire de Dieu, et Jésus debout *à la droite de Dieu,* et il dit : « Voici que je contemple *les cieux ouverts* et le

V. 2 Comme servant du sanctuaire et de *la tente,* la vraie, celle *qu'a dressée le Seigneur, non un homme.*
V. 5 Mais ceux-là rendent un culte à une copie et une ombre des choses célestes, selon que *Moïse* en fut divinement averti, quand il allait exécuter *la tente :* « Regarde, dit-il, en effet, tu feras tout *selon le modèle* qui t'a été montré sur la montagne. »

fils de l'homme debout *à la droite de Dieu.* »

N'est-ce point ma main qui a fait tout cela?

Nos pères, au désert, avaient *la tente* du témoignage *selon* ce qu'avait prescrit celui qui avait dit *à Moïse* de la faire *suivant le modèle qu'il avait vu.*

Cette comparaison de quelques versets de l'épître aux Hébreux avec quelques versets du chapitre 7 du *Livre des Actes des Apôtres* fournit certaines indications sur une ligne théologique anti-temple, prenant naissance dans le groupe des Hellénistes, et se développant dans des écrits dont l'épître aux Hébreux.

Nous ne pouvons entrer dans les détails de l'hypothèse des rapprochements possibles entre la théologie du groupe des Hellénistes, et les traditions théologiques mises en œuvre dans les écrits johanniques ou dans l'épître aux Hébreux. Il est prouvé aujourd'hui que, dans le christianisme primitif, un groupe au parler grec, se serait en quelque sorte caractérisé par une théologie plutôt opposée au temple.

Mais en présentant ainsi les choses, nous risquons de donner une vision un peu négative. La théologie de ce groupe se construit plutôt positivement autour de la recherche d'un culte *véritable,* « en esprit et en vérité »; culte désormais rendu possible par Jésus Christ, venu chez les hommes y planter *sa tente* (*Jn* 1,14; *Ap* 7,15), et par son élévation dans les cieux.

LA COMMUNAUTÉ D'ANTIOCHE

Les chapitres 11 à 15 des *Actes* donnent quelques informations sur la communauté d'Antioche (il s'agit de la ville située sur l'Oronte). Les débuts de l'église d'Antioche sont rapportés au chapitre 11; le chapitre 13 indique la liste et les fonctions de certains membres. Dans ses lettres, Paul ne mentionne qu'une seule fois de manière explicite le nom d'Antioche, dans un texte polémique : *Ga* 2,11-21. Malgré cette unique référence, Paul s'appuie très souvent et fermement, comme sur de solides bases, sur la tradition première reçue à Antioche. C'est sa première communauté chrétienne. Il a œuvré avec allégresse dans cette cité durant quelque temps. Toute une part du travail de l'exégète consiste à retrouver derrière certaines formules de Paul le noyau primitif de la tradition qu'il a reçue à Antioche. Pour commencer, et afin de bien saisir le dynamisme qui caractérise cette communauté, l'une des toutes premières, lisons d'un trait *Ac* 11 à 15 dans notre Bible.

Fondée par des membres missionnaires du groupe des Hellénistes qui ont échappé à la persécution, la communauté d'Antioche fut, vers les années trente, un lieu fervent de la première mission chrétienne : « Ceux donc qu'avait dispersés l'affliction survenue à l'occasion d'Étienne passèrent jusqu'en Phénicie, et à Chypre et à Antioche, n'annonçant la Parole à personne, si ce n'est aux seuls Juifs. Mais il y en eut quelques-uns, des Cyrénéens qui, venus à Antioche, s'adressèrent aussi aux Grecs et leur annoncèrent la Bonne Nouvelle du Seigneur Jésus. Et la main du Seigneur était avec eux, et grand fut le nombre de ceux qui crurent et se tournèrent vers le Seigneur » (*Ac* 11,19-21). Les premiers missionnaires, de culture grecque, à l'esprit ouvert, seront des agents de l'universalisme, soucieux de « s'adresser aussi aux Grecs ». On comprend la formation qu'a reçue Paul dans ce milieu! De tout temps, les Juifs de la cité d'Antioche furent ouverts au monde grec. Selon l'historien juif Flavius Josèphe, à Antioche, les Grecs s'intéressaient aux fêtes juives. Il n'est pas étonnant de constater avec quelle facilité les judéo-chrétiens hellénistes purent y annoncer « la Bonne Nouvelle du Seigneur Jésus. »

LE GROUPE DE JACQUES

Au chapitre 15 du *Livre des Actes,* Luc mentionne une assemblée importante qui s'est tenue à Jérusalem. Paul et Barnabé reviennent de leurs lieux de mission, de leur ministère auprès des païens, pour faire rapport à l'église de Jérusalem. L'occasion est ainsi donnée de discuter des problèmes propres à la mission en terre païenne. Comment faut-il annoncer l'Évangile aux païens; faut-il leur imposer les coutumes juives, et en particulier l'une des plus importantes : la circoncision? Paul a déjà été en terre païenne et n'a pas imposé la circoncision aux pagano-chrétiens, c'est-à-dire aux croyants qui viennent du paganisme. Mais certains du parti pharisien ne l'entendent pas de cette oreille.

Lors de l'assemblée à Jérusalem, les différents partis s'expriment. Paul et Barnabé exposent les faits de la mission. Pierre fait un discours. Jacques également. Ce dernier est le chef de l'église de Jérusalem. Autour de lui se réunissent certains membres de la communauté, qui restent plus fermement que les autres attachés à la Loi juive et à ses coutumes. Il ne s'agit pas d'un groupe ultra-conservateur tels ceux que Paul dénoncera dans l'épître aux Galates : Paul accuse ceux-ci de « judaïser ». Mais, du moins au début, le groupe de Jacques souhaite maintenir de manière assez ferme « la tradition ».

Cependant, comme le montre en particulier le texte de *Actes* 15, Jacques (et ceux de son groupe) restent ouverts et compréhensifs à l'égard du monde païen. Ce qu'ils demandent, c'est que les judéo-chrétiens n'imposent pas de trop lourds fardeaux aux païens (la circoncision), mais que, réciproquement, les païens soient respectueux des Juifs dans leurs pratiques alimentaires : « C'est pourquoi, je suis d'avis, moi, qu'il ne faut pas inquiéter ceux des nations qui se tournent vers Dieu. Qu'on leur écrive simplement de s'abstenir des idoles et de la fornication; et de chair étouffée et du sang. Car, depuis des générations anciennes, Moïse a, dans chaque ville, des hérauts qui le proclament; puisqu'on le lit dans les synagogues, chaque sabbat » (*Ac* 15,19-21).

Jacques, chef de l'église-mère de Jérusalem, n'est pas l'un des Douze, mais un apôtre à qui le Seigneur ressuscité est apparu (I *Co* 15,7). Il sera lapidé en 62.

Tous les premiers chrétiens viennent du judaïsme, même ceux qui sont dans la Diaspora. Mais l'histoire des premiers siècles atteste l'existence de groupes désignés d'une manière spécifique comme « judéo-chrétiens ». Le courant judéo-chrétien qui se développera deviendra une branche dissidente. Il faut donc soigneusement distinguer le groupe de Jacques, attaché aux traditions juives, mais non fermé à des tentatives de conciliation des groupes de judéo-chrétiens, qui, tout en se réclamant peut-être de Jacques, s'en distancera. Rien ne peut être affirmé avec certitude en ce domaine : les recherches sont en cours.

Le Nouveau Testament ne permet pas de reconstituer ce groupe de dissidents, mais peut-être trouvons-nous des éléments de son milieu de naissance dans les fameux « judaïsants », certains du parti de Jacques nommés en *Ga* 2,12.

La communauté d'Antioche est différente de l'église de Jérusalem. Il semble que les deux communautés aient œuvré de manière indépendante au départ. Cela explique la liberté des missionnaires d'Antioche : ils n'imposèrent pas la circoncision aux païens qui devenaient chrétiens. Ce qui leur valut de vifs reproches, lors de la visite à Jérusalem : « Alors se levèrent quelques-uns de la secte des pharisiens qui avaient cru, pour dire qu'il fallait les circoncire et leur prescrire de garder la Loi de Moïse » (*Ac* 15,5). La fonction d'autorité de l'église de Jérusalem n'advint probablement que plus tard, et progressivement : « Il fut décidé que Paul, Barnabé et quelques autres des leurs monteraient à Jérusalem auprès des apôtres et des anciens pour traiter de ce litige » (*Ac* 15,2). L'expression « apôtres et anciens » est un léger indice de la fonction d'autorité, sans doute. Mais le *Livre des Actes* le souligne, Paul y insiste également, les relations entre Antioche et Jérusalem sont de bonnes relations.

Dans cette cité à forte population juive, la langue grecque domine. L'expression théologique chrétienne, qui est en train de se forger, en sera marquée. Pouvons-nous savoir concrètement comment le christianisme a démarré? Quel fut l'impact des premiers missionnaires à Antioche? Leurs premiers mots de prédication, ces mots qui iront se répétant, jusqu'à nous atteindre aujourd'hui à travers l'expression néotestamentaire?

La première prédication se fait de manière très simple, voire stéréotypée. Que proclame-t-on? Une bonne nouvelle, l'unique bonne nouvelle : l'Évangile; dans la suite et dans la

---

L'ÉVANGILE

Le mot grec *euangelion,* qui a donné le mot français Évangile, par simple phénomène de transcription

eu angelion
év angile

a probablement pris le sens technique d'Évangile dans la communauté d'Antioche. Il sera utilisé de nombreuses fois par Paul, avant de devenir un genre littéraire caractéristique. L'annonce d'une bonne nouvelle, dans le monde païen grec est une proclamation faite publiquement par un héraut. Ce dernier proclame, crie la nouvelle. En grec, le verbe employé est *kèrussein.* On désigne aujourd'hui d'une manière technique le contenu de la proclamation comme le *kèrygme.* Pour les chrétiens, la bonne nouvelle se résume dans *la proclamation de la mort-résurrection de Jésus Christ.* Toute l'expression de la foi chrétienne gravite autour de ce « noyau pascal ». Le Nouveau Testament constitue le déploiement de cette bonne nouvelle. Tout chrétien est désormais appelé à devenir le héraut de la bonne nouvelle en la signifiant par ses paroles comme par son agir.

---

ligne de la prédication de Jésus sur le règne. Les premiers missionnaires viennent annoncer effectivement une bonne nouvelle : la mort-résurrection de Jésus. Si on annonce une bonne nouvelle, c'est qu'elle *concerne* ceux à qui on l'annonce. En quoi sont-ils concernés, ces premiers auditeurs d'Antioche, par la mort-résurrection de l'homme Jésus? Elle leur ouvre le chemin du salut, de la libération. Pour traduire cela, il faudra développer le contenu de cette bonne nouvelle.

Les prédicateurs utilisent des « formules » destinées à l'enseignement. Les premiers chrétiens mémoriseront ces formules, puis transmettront à leur tour ce qu'ils ont reçu. Dans les écrits de Paul, certaines de ces formules apparaissent. Ainsi dans la première épître aux Corinthiens, au chapitre 15, Paul rappelle *ce qu'il a reçu* et le *transmet.* Les deux verbes « recevoir » et « transmettre » sont importants à relever : ils désignent le vocabulaire technique d'une tradition *(tradere).* La « tradition chrétienne » s'élabore, prend corps. Au travers des épîtres de Paul, il est donc possible de restituer l'état des formules premières, celles qu'il a lui-même apprises à Antioche et qu'il transmet *. L'apôtre reprendra les formules reçues, mémorisées par le cœur; il les élargira, en développera le contenu en fonction des besoins de la communauté. Au cœur de la prédication, le noyau pascal : (cf. schéma, encadré p. 61). Les premières élaborations théologiques seront toujours centrées autour du mystère pascal, de la bonne et unique nouvelle.

COHÉRENCE DES PREMIERS MOTS DE LA FOI

Luc a composé plusieurs discours dans le *Livre des Actes.* La composition est lucanienne, certes; mais l'auteur s'inspire des premières traditions chrétiennes. Sous l'action de l'Esprit saint, les témoins d'après Pâque élaborèrent les premiers énoncés de la foi chrétienne. Aujourd'hui encore, notre foi s'exprime à travers eux. Une singulière cohérence théologique

---

* J. Guillet, *Les premiers mots de la foi,* Centurion, Paris, 1977.

habite ces premiers mots : la foi chrétienne est pascale et trinitaire.

LA FOI PASCALE

Au centre, le message de Pâque : « le noyau pascal », c'est-à-dire l'annonce de la Résurrection du Christ. C'est le cœur de la Bonne Nouvelle. De là, en amont, on s'appuie sur les Écritures : elles-mêmes témoignent de la mort-résurrection du Christ. Les formules varient pour renvoyer au témoignage des Écritures : rappel de l'Ancien Testament avec des citations précises; ainsi dans la formule de I *Co* 15, l'expression « selon les Écritures » rythme le passage. Il s'agit toujours d'une réflexion sur l'accomplissement du dessein de Dieu : les prophètes de l'Ancien Testament affirmaient toujours avec conviction que le plan de Dieu ne peut échouer, car Dieu est fidèle. En aval, le « noyau pascal » propulse les croyants vers la nouveauté eschatologique. Les expressions se multiplient également : nous sommes des témoins; c'est le temps de l'Esprit; le temps de l'Église, etc. La cohérence se dit sur l'axe de l'histoire du salut en train de s'accomplir : thème cher à Luc!

LA FOI TRINITAIRE

En même temps, derrière ces discours et donc dès les premières expressions de la foi chrétienne dans le Nouveau Testament, une théo-logie = une nouvelle façon de parler de Dieu.

Le Dieu des chrétiens se révèle comme *le Père*. Il se manifeste dans *le Fils*. A la résurrection de Jésus, Dieu confirme, par son oui donné à l'œuvre accomplie, que Jésus est *le Fils*. Et enfin, comme en témoignent le récit de Pentecôte et les textes de Jean dans les récits de Pâque, la Résurrection est une nouvelle création. Ce jour-là *l'Esprit* fait irruption.

Un schéma peut éclairer cela et permettre de poursuivre la réflexion, à partir notamment des textes (par exemple Les discours missionnaires des *Actes*).

ANCIEN TESTAMENT	NOYAU PASCAL	ESCHATOLOGIE
SELON LES ÉCRITURES		ESPRIT SAINT
LE DESSEIN DE DIEU	MORT RÉSURRECTION	ÉGLISE DE TÉMOINS
DIEU LE PÈRE	LE FILS	L'ESPRIT

La foi chrétienne est pascale et trinitaire : il convient de noter l'articulation entre les deux qualificatifs. Aujourd'hui, nous avons gardé un signe symbolique de cette cohérence : lorsque nous traçons le signe de *la croix* (symbole de la mort-résurrection), nous disons notre foi au Dieu trinitaire, « Au Nom du *Père*, du *Fils* et du *Saint Esprit* ».

Les Hellénistes missionnaires à Antioche viennent de Jérusalem. A Antioche, ils s'attachent à « formuler » la Bonne Nouvelle pour faire passer dans leur enseignement le message qu'ils ont eux-mêmes déjà reçu, via Jérusalem. Les exégètes confirment cela aujourd'hui, en déterminant les tournures araméennes décelables derrière certaines formulations en grec, en particulier dans le passage déjà cité de I *Co* 15. Ces tournures pourraient être l'indice de la première expression de l'événement pascal. Les résultats des recherches exégétiques montrent, en tout état de cause, le véritable « atelier théologique » que fut l'église d'Antioche. Une théologie, non pas en laboratoire, mais liée à la pastorale, à la liturgie, etc. Une théologie créée sur le terrain, qui ne craint pourtant pas de ciseler l'expression, afin que le langage sur Dieu soit « juste », adéquat. On ne se contente pas d'énoncés approximatifs. La théo-logie (le discours sur Dieu) n'est pas un luxe pour gens oisifs; ce « dire Dieu » fait partie du devoir chrétien.

Quelques années plus tard, l'église d'Antioche continuera à être une communauté bien vivante de chrétiens, une église dotée d'une organisation dynamique. Lorsque Ignace d'Antioche écrit ses lettres (108-117), il évoque à plusieurs reprises les rôles des docteurs, des prophètes dans l'Église. (En lien avec cela, lire les premiers versets de *Ac* 13 : « Il y avait dans l'église établie à Antioche, des prophètes et des docteurs : Barnabé, Syméon appelé Niger (= le Noir), Lucius le cyrénéen, Manaën, un camarade d'enfance d'Hérode le tétrarque, et Saul »...)

Distincte de l'église de Jérusalem, l'église d'Antioche ne sera pas l'église-mère, ni le lieu de l'autorité hiérarchique; elle n'en est pas moins une communauté vivante. C'est là, selon le *Livre des Actes* (*Ac* 11) que la première fois les croyants reçurent le nom de chrétiens (attachés au Christ); un lieu où la foi chrétienne se dit de façon cohérente.

D'autres communautés seraient à considérer pour que le panorama soit complet. Certaines d'entre elles (l'église de Matthieu, les communautés johanniques...) sont aujourd'hui plus connues. Nous n'avons pas cherché à être exhaustifs. Qui oserait y prétendre? Quelques points essentiels, quelques visages d'églises se dessinent cependant. Première conclusion : loin d'être uniforme et statique, le christianisme primitif est varié et dynamique. Les premiers témoins ne craignent pas d'avancer hors des sentiers battus; ils s'engagent parfois sur des voies audacieuses (ne pas circoncire les païens; réagir contre le temple, etc.). Ils saisissent à bras-le-corps la liberté de l'Évangile; jamais le souci d'unité et de conciliation n'empêche la pluralité, la recherche d'une fidélité vivante et créatrice. Pourquoi? Parce que l'esprit qui les fait agir et réagir, c'est *l'évangile-ferment, levain dans la pâte;* celui dont Jésus parlait et qu'il souhaitait mettre au cœur du monde. Parce que « c'est à la liberté que vous avez été appelés » écrit Paul aux Galates. « C'est pour la liberté que Christ nous a libérés. » C'est cela « la vérité de l'Évangile » (*Ga* 5,13; 5,1; 2,5; 2,14).

Plutôt que de présenter un à un les vingt-sept livres de la bibliothèque néotestamentaire et leurs contenus, nous avons préféré découvrir un monde vivant : des personnes précises, différentes, des communautés aux visages multiples. Le risque, en procédant ainsi, était d'être incomplet. Mais l'introduction au Nouveau Testament que nous proposons n'entend pas aligner un savoir. Il s'agit plutôt d'engager le lecteur à continuer, par les quelques moyens fournis, à faire une lecture interactive. A présent, prenons les choses par un autre bout.

II

LE NOUVEAU TESTAMENT POUR QUOI?

Le Nouveau Testament, pour quoi? Quels sont les motifs qui poussent les écrivains évangélistes, l'apôtre Paul, les premiers témoins à écrire? Pour quelles raisons rassemblent-ils des traditions? Pourquoi rédigent-ils de cette façon, utilisent-ils tel genre littéraire? Y a-t-il une unité qui donne sens à « ce » livre qui en contient vingt-sept : le Nouveau Testament? Avec le même souci pédagogique d'une lecture interactive, suggérons trois pistes de réponses. Le Nouveau Testament est écrit :

– pour proclamer la mort-résurrection de Jésus (le kèrygme);
– pour encourager les chrétiens et fortifier leur foi naissante encore fragile;
– parce que, progressivement, se définit l'identité chrétienne.

I – POUR PROCLAMER LA MORT-RÉSURRECTION DE JÉSUS

A l'origine du Nouveau Testament, une proclamation. Tout commence par cette annonce : Jésus Christ mort-ressuscité. En termes techniques, on désigne ce point de départ comme le kèrygme. Le mot vient du grec *kèrygma* (proclamation, prédication), formé sur le verbe grec *kèrussô* (proclamer, prêcher). Le Kèrygme est un cri; une proclamation qui se répète, s'amplifie, et dont l'écho se répercute à travers l'ensemble du Nouveau Testament. Chaque livre, d'une manière différente, s'en fait l'écho, parce que, au point de départ de toute vie chrétienne se trouve l'évangélisation, c'est-à-dire la proclamation de la mort-résurrection du Seigneur.

Un verbe pour le dire : « Il est ressuscité. » Trois mots en français; un seul mot en grec : un verbe mis à la forme passive, ce qui sous-entend un sujet actif et un sujet passif. « Il est ressuscité » s'exprime par trois verbes aux nuances quelque peu différentes :

• *egeirein* signifie « réveiller ». Il est ressuscité, c'est-à-dire « il ne dort plus; il n'est plus plongé dans le sommeil de la mort »;

• *anistanai* signifie « être debout ». Signe de victoire, de liberté, de dynamisme;

• *hupsoô* signifie « exalter » et manifeste la seigneurie, la suprématie, le pouvoir définitif, la grandeur.

Dans les épîtres de Paul, on trouve, çà et là dispersés, des vestiges des premières formulations kèrygmatiques. Ainsi dans la formule déjà mentionnée de I *Co* 15 (p. 35). Relisons ce texte et remarquons :

– le verbe proclamer *(kèrussô)* aux v.11.12;

– la forme passive « Christ est ressuscité »; sous-entendu : par Dieu. En français, la forme passive est moins évidente.

Le kèrygme revêtira bien des formes au cours des premières prédications chrétiennes. Dans sa forme primitive, selon les hypothèses récentes, il se comprend essentiellement comme un acte divin : c'est le dessein de Dieu qui s'accomplit. Dieu l'a ressuscité. Pour éviter de prononcer le saint nom de Dieu, par révérence et respect, les Juifs mettent à la forme passive les verbes désignant l'action divine. On désigne cette façon de procéder comme le passif théologique ou passif divin. Les premiers chrétiens, enracinés dans la culture religieuse juive, expriment ainsi à la forme passive le fait de la Résurrection de Jésus : Il est ressuscité par Dieu.

Le kèrygme sera développé. L'accent est mis d'abord sur la bipolarité. Non seulement « Il est ressuscité » mais il est d'abord passé par *la mort.* Les développements ultérieurs du kèrygme font apparaître une cohérence dans le propos théologique :

– le Christ ressuscité, c'est celui qui a donné sa vie, qui est mort pour nos péchés;

– si Christ est ressuscité, c'est dans la ligne du dessein de Dieu; les Écritures sont accomplies. Ce qui advient correspond à l'annonce des prophètes dans l'Ancien Testament.

– la Résurrection du Christ proclame l'ouverture à l'eschatologie, la venue des temps nouveaux, le don de l'Esprit, la vive espérance du retour du Christ.

Dans les discours missionnaires du *Livre des Actes* (*Ac* 2,14-47; 3,12-26; 4,9-12; 5,29-32; 10,34-43; 13,17-41), il est intéressant de découvrir comment, autour du noyau central de l'annonce de la mort-résurrection gravitent les éléments clés qui disent l'unité de la foi chrétienne :

– le dessein de Dieu s'accomplit : des références sont données à l'Ancien Testament (les Écritures);

– l'irruption de l'esprit à la naissance de l'église : il fera des apôtres des témoins, des prophètes, des missionnaires;

– l'attente de la parousie, la tension vers l'eschatologie constituent un moteur essentiel du dynamisme chrétien. Le croyant est toujours sur le qui-vive, dans une attente ardente de la venue du Seigneur.

Un exercice de lecture peut se faire à partir des discours des *Actes;* les différents passages dans les discours peuvent être classés en fonction des trois catégories suivantes :

la notion d'accomplissement; le rappel de la promesse; la référence aux Écritures : citations de l'Ancien Testament.	le « noyau pascal » : mort-Résurrection du Christ.	l'eschatologie : la venue de l'Esprit.

Le kèrygme n'est pas seulement à la naissance du Nouveau Testament, dans le temps. Il constitue un véritable fil conducteur pour l'ensemble des écrits. Prenons deux exemples : les Évangiles et l'Apocalypse.

A. LES ÉVANGILES. Ils n'ont été rédigés qu'après la mort-Résurrection de Jésus. Il faudrait commencer par lire la fin d'un Évangile : la passion-résurrection. Elle projette sa lumière sur l'ensemble du ministère de Jésus. L'Évangile n'a pas pour but de raconter la vie de Jésus. Les évangélistes ne sont pas des biographes, même s'ils utilisent un genre littéraire qui se rapproche de la narration. Ce sont des témoignages de foi. Leurs auteurs ont rassemblé des traditions, composé des Évangiles, pour d'abord proclamer la bonne nouvelle de la Résurrection de Jésus et dire comment elle permet de saisir le sens même de la vie de Jésus, de ses paroles et de ses actions au cours de sa vie terrestre, au milieu de ses disciples et des gens de Palestine; comment cette vie de Jésus est signe de sa gloire; comment elle donne sens à la vie de tous les chrétiens : elle est pour tous bonne nouvelle. Les Évangiles ne sont pas non plus à considérer comme un simple album de souvenirs. Il faut donner au mot souvenir, à ce faire-mémoire du Seigneur, un sens actif : non pas un regard en arrière, mais une butée qui permet de prendre appui pour aller de l'avant. Lorsqu'ils se réunissent et font mémoire de leur Seigneur, de sa mort-résurrection, de sa vie, notamment dans la célébration de l'Eucharistie, les chrétiens regardent vers leur Seigneur, méditent sa vie, s'inspirent de sa venue dans le monde, pour découvrir la puissance de l'Évangile, active dans leur vie d'aujourd'hui. Ils ne se contentent pas d'évoquer le passé.

B. L'*APOCALYPSE* DE JEAN, est également traversée par la proclamation de la mort-résurrection de Jésus, comme les autres livres du Nouveau Testament. C'est un livre mal connu, parce que difficile à lire. Le genre littéraire est particulier : c'est celui des apocalypses. Ce mot signifie « révélation ». Avec force images, symboles, codes chiffrés, lectures à plusieurs niveaux, l'*Apocalypse* de Jean est effectivement une révélation. Révélation de Jésus Christ, comme le dit le titre même du livre (*Ap* 1,1). Le titre prend une double signification : la révélation qu'est Jésus Christ et la révélation donnée par Jésus Christ.

Les premières pages donnent déjà une clé de compréhension. Jésus Christ y est proclamé en premier lieu à l'aide de titres-attributs de sa Résurrection : premier né des morts, celui qui nous a déliés de nos péchés par son sang, témoin fidèle, etc. Ces titres sont ensuite repris dans l'extraordinaire vision du fils de l'homme. Il est glorieux; il a remporté la victoire, c'est-à-dire qu'il est passé de la mort à la vie. Puis les attributs sont distribués au début de chacune des lettres aux sept églises; on peut s'en rendre compte à la lecture. Le Christ ressuscité a atteint par sa victoire l'Église tout entière, comme le symbolise le chiffre 7. L'ensemble du livre de l'*Apocalypse* se construit à partir de cette louange au Christ ressuscité du chapitre 1 au chapitre 5.

L'Église a l'assurance d'être bénéficiaire de la victoire du Christ ressuscité. Cela ne signifie pas qu'elle est à l'abri du combat contre les puissances du mal. Sa condition présente de persécutée le montre bien. L'Église peut devenir témoin de la Résurrection : il ne tient qu'à elle de choisir et d'agir en conséquence de son choix : soit de suivre l'agneau dans son chemin de mort-résurrection (Jésus Christ), soit de suivre la Bête, celle qui imite l'agneau (il s'agit du mal sous une forme précise, en l'occurrence l'attrait de l'empire romain). La Résurrection de Jésus Christ constitue l'horizon véritable de l'*Apocalypse!* Comment l'Église, maintenant, dans sa condition terrestre, mais aussi dans sa tension vers l'avenir, se laissera-t-elle marquer par le signe pascal, le sceau de la victoire? C'est la question que se posent les premiers chrétiens en butte à la contradiction, aux persécutions, etc. N'est-ce pas encore la question d'aujourd'hui?

Nous conseillons de lire l'*Apocalypse* d'un trait, sans trop se laisser prendre par le détail des images symboliques, mais en prêtant attention, au contraire, à ce qui apparaît en filigrane : l'affirmation de la mort-résurrection du Christ comme force pour les croyants.

Bibliographie conseillée pour ce livre si riche, mais d'interprétation si délicate *.

---

* H. Troadec (*L'Apocalypse*, Paris, Mame (Ouvrir la Bible/4), 1982, 112 p. – P. Prigent, *« Et le ciel s'ouvrit », Apocalypse de saint Jean*, Paris, Cerf (Lire la Bible nº 51), 1980, 286 p.

II – POUR ENCOURAGER LES CHRÉTIENS ET FORTIFIER LEUR FOI NAISSANTE ENCORE FRAGILE

Après la Résurrection vient Pentecôte. L'Esprit donne aux disciples feu et chaleur. Il comble d'allégresse comme un bon vin qui coule à profusion et joyeusement. Le récit de Luc au début du *Livre des Actes* suggère d'une manière très vivante l'événement de la venue de l'Esprit. Ce dernier vient toujours pour créer, souffler, vivifier :

– il couve les eaux lors de la première création (*Gn* 1,2);

– « par sa parole, les cieux ont été faits, l'armée des cieux par le souffle de sa bouche » (*Ps* 33,6);

– « tu souffles ton vent; les eaux coulent » (*Ps* 147,18);

– « L'esprit vint sur les os, et ils reprirent vie et se mirent debout sur leurs pieds : grande, immense armée » (*Ez* 37,10), etc.

La venue de l'Esprit créateur ne dispense pas les disciples de leurs tâches de chrétiens, de leur engagement de témoins. Après la Résurrection, tout est à faire. Les premiers témoins y vont de leurs paroles, de leurs vies, de leurs écrits. Le christianisme s'invente, s'enfante. Les textes du Nouveau Testament gardent les traces de ce temps d'enfantement; ils se présentent comme le fruit d'une longue élaboration, avec des hésitations, des temps forts, des convictions, des moments de doute, etc. Plus d'un paradoxe à découvrir dans ces vingt-sept livres! La révélation est donnée en toute sa plénitude et perfection en Jésus Christ. Il n'en reste pas moins qu'elle est transmise dans et par une parole de chair qui a toute la fragilité de l'humain.

Si le Nouveau Testament s'écrit, c'est en partie parce que les chrétiens ont besoin d'être fortifiés, encouragés dans la foi qui vient de naître. A travers un exemple, nous essaierons de suivre le chemin de l'expression croyante qui sans cesse se réajuste, dans un souci constant de fidélité à la Parole du Seigneur.

Depuis quelques années déjà, les exégètes ont montré comment les premiers chrétiens ont compris *le retard de la parousie,* comment ils l'ont expliqué et donc, comment progressivement s'est élaboré un discours théologique sur l'eschatologie chrétienne. Nous avons choisi de développer cet exemple, car il permet de comprendre pourquoi bien des passages du Nouveau Testament ont été écrits.

Jésus a annoncé son retour glorieux. Sa Résurrection constitue déjà une garantie de l'avenir offert et ouvert : la parousie (venue du Christ) est liée à la Résurrection. Les premiers chrétiens attendent avec intensité et fièvre cette venue du Seigneur promise pour la fin des temps toute proche. Ils crient leur espérance, leur enthousiasme, car ils sont persuadés de l'imminence de la parousie. Les lettres de Paul témoignent de ce climat fébrile et disent la conviction de la foi chrétienne : la venue du Seigneur est toute proche. L'imaginaire aidant, en particulier à l'aide des représentations apocalyptiques juives, on décrit les étapes de cette venue : « ... à un signal donné, à la voix d'un archange, au coup de trompette de Dieu, le Seigneur lui-même descendra du ciel et les morts en Christ ressusciteront d'abord. Ensuite, nous les vivants, qui serons restés, nous serons emportés ensemble avec eux, dans les nuées, à la rencontre du Seigneur dans les airs; et ainsi nous serons toujours avec le Seigneur. Réconfortez-vous les uns les autres par ces paroles. » (I *Th* 4,16-18).

Voilà donc un des premiers messages de réconfort, pour lesquels les croyants sont amenés à ne pas perdre courage, même s'ils vivent dans la tribulation; celle-ci est le signe avant-coureur de la venue toute proche du Seigneur. Force sera de constater que, finalement, le Seigneur ne vient pas. Il ne vient pas aussi vite qu'on l'attendait. Les chrétiens, surtout après les années soixante-dix, vont-ils perdre l'espérance?

Comment leur faut-il interpréter la promesse de retour du Christ?

L'auteur de la seconde lettre de Pierre tente de raviver l'espérance qui semble avoir fléchi. Il évoque en premier lieu les remarques qui devaient être courantes à l'époque, à l'encontre de l'espérance des chrétiens : « Sachez d'abord que lors des derniers jours, viendront des moqueurs avec leurs moqueries, qui vivront au gré de leurs convoitises et diront " Où est-elle la promesse de sa venue? " Car, depuis que les pères se sont endormis, tout demeure comme dès le commencement de la création... » (2 *Pi* 3,3-4).

Pour répondre à la question inévitable, on recule tout d'abord l'échéance : la parousie viendra, mais plus tard. Non pas que Dieu soit en retard! Simplement, Dieu est patient, et dans sa patience il attend que les hommes se tournent vers lui : « le Seigneur ne retarde pas sa promesse comme certains croient à un retard; mais il patiente envers vous, voulant, non pas que certains périssent, mais que tous arrivent au repentir. Il arrivera le Jour du Seigneur comme un voleur... » (2 *Pi* 3,9-10).

Ce petit passage montre le travail des premiers théologiens chrétiens pour interpréter. Ils redécouvrent l'Ancien Testament : Dieu est patient. Ils témoignent de leur foi en un Dieu constamment attentif à la conversion de l'homme. Malgré tous les points d'interrogation et la situation difficile, on continue à faire mémoire active des paroles mêmes du Seigneur : « Le Jour du Seigneur viendra comme un voleur » (*Mt* 24,43; *Lc* 12,39). Il l'a promis. Sa parole reste toujours l'horizon des chrétiens. Les pasteurs ne cessent de rappeler que « le Seigneur viendra ». De fréquents appels à ne pas désespérer parsèment les épîtres catholiques. Lire par exemple Jacques 5,7-11.

Pourtant l'espérance s'estompe, semble même disparaître. N'allons toutefois pas trop vite dans l'interprétation de certains passages. La lente évolution d'une conception à l'autre, l'adaptation constante au contexte socioculturel, la recherche d'une fidélité vivante à la parole du Seigneur, tout cela conduit les croyants des premiers siècles à approfondir l'eschatologie, à méditer sur l'espérance comme dimension essentielle de la vie chrétienne. Une espérance qui n'a rien d'une attente passive, ni d'un optimisme béat; une espérance convaincue, parce que enracinée dans la parole du Seigneur, et engagée, parce que sûre que l'homme a son rôle à jouer dans l'œuvre de libération et de salut.

LES ÉCRITS DE JEAN

A l'heure actuelle il n'est guère possible de dire avec certitude qui est « Jean » : le fils de Zébédée, l'un des Douze, un disciple de Jérusalem? Les arguments en faveur de l'une ou l'autre hypothèse sont tout aussi convaincants ou au contraire insuffisants les uns que les autres. Que faut-il en conclure? « C'est très gênant, me disait cette personne; depuis que je sais que l'on hésite sur l'auteur du quatrième Évangile, je ne sais plus comment lire ces écrits. »

On comprend l'attachement qu'il peut y avoir pour la figure énigmatique d'un personnage : Jean, celui que la tradition désigne comme l'aigle parce qu'il nous emporte avec ses écrits sur des hauteurs vertigineuses; ou encore, celui que la tradition, s'appuyant sur le chapitre 13 de l'Évangile, représente penché sur la poitrine du Maître, etc.

Il ne s'agit pas de se défaire absolument de ces images : elles ont toutes un côté juste. Mais peut-être avons-nous aujourd'hui à faire un réel effort de lecture des textes. Les moyens nous sont donnés pour le faire; les progrès en exégèse, notamment pour les écrits de saint Jean, permettent une lecture plus critique de l'ensemble des textes appartenant au groupe johannique.

L'Évangile de Jean est né dans un milieu spécifique, enraciné dans la tradition baptiste (lire *Jn* 1). Le milieu de naissance des traditions évangéliques de Jean pourrait bien être la Syrie.

Le noyau de l'Évangile connaîtra bien des étapes, des relectures. Elles sont le fruit de toute une élaboration faite par des théologiens : ils appartiennent à une même école de pensée. Aujourd'hui on la désigne comme *l'école johannique.*

Dans l'Évangile actuel, il est possible de distinguer des « niveaux » différents dans la « rédaction » du texte. Mais ces niveaux différents utilisent souvent le même langage symbolique, le même vocabulaire, la même théologie, etc. On peut donc supposer une école johannique qui serait à la fois littéraire et théologique, berceau des écrits de Jean.

Une école, mais aussi *des communautés.* Les trois épîtres de Jean en témoignent. L'auteur écrit aux membres des communautés. Elles sont johanniques, au sens où leur façon de vivre se réfère au contenu de l'Évangile, exprimé dans la forme probablement du quatrième Évangile, « le message reçu depuis le commencement ». Mais l'Évangile de Jean, nous en savons quelque chose aujourd'hui encore!, n'est pas si simple à interpréter! A l'époque, certains membres des groupes johanniques négligent tel ou tel point de la foi chrétienne en train de s'affermir : ces points peuvent effectivement apparaître insuffisamment développés dans l'Évangile.

La recherche des exégètes à l'heure actuelle porte précisément sur l'histoire et l'évolution des écrits johanniques. Beaucoup de points restent à l'état d'hypothèse; mais une conviction l'emporte : le groupe johannique connaîtra bien des étapes. On ne peut lire l'Évangile et les épîtres sans se référer à l'histoire de la formation du texte.

L'Évangile de Jean, les épîtres de Jean et l'*Apocalypse* nous paraissent particulièrement indiqués pour exposer ce point. Dans le quatrième Évangile, comme dans d'autres traditions évangéliques, on insiste sur le déjà-là du royaume. Tant et si bien que Jean met dans la bouche de Jésus d'étonnantes paroles : la vie éternelle est déjà commencée (voir *Jn* 6,47). Il n'y a guère d'annonce du royaume dans cet Évangile, ni d'annonce du Fils de l'homme à venir sur les nuées du ciel. A l'époque de la rédaction du quatrième Évangile, n'y a-t-il donc plus d'attente du retour du Seigneur? On pourrait le croire et certains y ont cru. La première épître de Jean dénonce des lectures tronquées ou déviantes du quatrième Évangile faites par certains croyants. Si l'Évangile insiste tant sur le déjà-là de la vie éternelle, il n'en gomme pas pour autant le futur. Ce futur se comprend comme une force qui ouvre un nouvel avenir, une possibilité nouvelle pour celui qui croit : tel est « le pouvoir », « la possibilité » que le Christ nous a donnés (cf. *Jn* 1,12). Le déjà-là se lit comme une conviction : « Enfants de Dieu, nous le sommes » (I *Jn* 3,1-2), mais nous avons à le « devenir ». C'est déjà ce que disait l'Évangile (*Jn* 1,12).

Relisons ces deux passages de l'Évangile et de l'épître pour mesurer l'importance de l'eschatologie dans la tradition johannique :

– dans l'Évangile : « A tous ceux qui l'ont reçu, il a *donné* le *pouvoir de devenir enfants de Dieu* » (*Jn* 1,12);

– dans l'épître : « Voyez quel amour nous a *donné* le Père pour que nous soyons appelés enfants de Dieu et *nous le sommes*... Bien-aimés, *maintenant* nous sommes enfants de Dieu, et *ce que nous serons* n'a pas encore été manifesté. Nous savons que, s'il vient à se manifester, *nous serons semblables à lui,* parce que nous le verrons comme Il est. » (I *Jn* 3,1-2).

Vivre en enfants de Dieu correspond dans le langage johannique à devenir de véritables témoins de la venue du Christ, de la vie éternelle déjà inaugurée; c'est-à-dire manifester concrètement, par nos gestes et nos paroles, que nous sommes sauvés, enfants de Dieu.

Enfin, l'*Apocalypse* johannique, sous un mode littéraire différent, dit la même chose. La ligne johannique (Évangile, épîtres, *Apocalypse*) se traduirait volontiers par « Tout est donné, mais rien n'est joué d'avance * ».

---

* M. Morgen, *Les épîtres johanniques,* Cahiers Évangile nº 62, 1988, p. 30.

III – POUR DÉFINIR L'IDENTITÉ CHRÉTIENNE

Pourquoi fallait-il un « nouveau » testament? L'ancien ne suffisait-il pas?

Au Ier siècle, le monde juif est en pleine crise d'identité. Le christianisme, quant à lui, découvre la sienne et commence à l'afficher. Deux événements, à des niveaux différents, marqueront à la fois l'un et l'autre mouvement religieux. Dans l'ordre chronologique :

– la mort-résurrection de Jésus;

– la dure épreuve de 70 : la ruine de Jérusalem et la chute du temple.

Vers les années trente-cinq, deux groupes ou mouvements religieux, dont l'un est issu de l'autre, se côtoient d'abord, s'affrontent ensuite, se dissocient enfin, chacun suivant désormais sa trajectoire propre. Aujourd'hui, nous les désignons comme le judaïsme et le christianisme.

En quel sens et comment peut-on dire des textes du Nouveau Testament, qu'ils ont été en partie provoqués par la confrontation de ces deux mouvements, qu'ils ont jailli de cette crise d'identité? Rappelons brièvement quelques faits.

– Tout d'abord, le responsable, celui qui est, selon le titre d'un excellent ouvrage de Dodd, « le fondateur du christianisme », c'est Jésus. Il est Juif et il le restera. Durant son ministère, il se démarque cependant du judaïsme de son époque. Il s'adresse souvent de façon très dure à ses contemporains, notamment aux chefs religieux. Pourquoi? Parce que, tout en étant un Juif très pratiquant, Jésus vient faire du neuf. Par sa venue dans le monde, il vient inaugurer, faire toutes choses nouvelles. Lorsqu'il dérange le plus, c'est lorsqu'il prétend accomplir la Loi, tout en s'exprimant d'une façon nouvelle; prétention audacieuse qui mènera à de sérieux affrontements et au désir de le supprimer. Le procès et la mort de Jésus provoquent une déchirure, de laquelle naîtra le christianisme. Dans le temps de Jésus, déjà, s'amorce vivement l'opposition.

– Après la Résurrection de Jésus, les disciples reçoivent la force de l'Esprit. Celui-ci leur rappelle de manière active les paroles du Seigneur, les invite à continuer sur la lancée de la Bonne Nouvelle. Le christianisme commence à prendre forme : les premières prédications sont centrées sur l'événement pascal. Là aussi, comme au temps de Jésus, la nouveauté emprunte les chemins de l'Ancien Testament pour se dire. Les mots sont ceux de la tradition juive. Mais une ligne spécifiquement chrétienne se dessine bientôt et se distingue plus nettement du « judaïsme ».

– La catastrophe de 70 avec la ruine du temple et la chute de Jérusalem conduira les uns et les autres à une définition de leur identité :

a) Ceux qui ne croient pas en Jésus, « les Juifs », restent fidèles à leurs traditions. Mais ils réforment leur mouvement religieux. L'un des membres éminents de cette réforme menée par des « laïcs » sera Johannan ben Zacchai. Face à la ruine du temple, valeur essentielle du judaïsme, à tous les niveaux (cultuel, culturel, symbolique, politique, économique, social), et face au mouvement grandissant de ceux qui se réclament de Jésus, le judaïsme s'organise essentiellement autour de la Torah, mot que nous traduisons tant bien que mal par « loi ». Il s'agit de la loi écrite et de la loi orale. La loi écrite, au sens large du terme, recouvre ce que nous nommons l'Ancien Testament (à quelques livres près). Au sens restreint, la loi écrite correspond aux cinq premiers livres de la Bible : le Pentateuque (cinq rouleaux : *penta-teuchos*). La loi orale, quant à elle, intègre les diverses traditions juives.

Réunis à Jamnia, non loin de Jérusalem, les Juifs d'après 70 fixent leur canon des Écritures (que les chrétiens désignent comme l'Ancien Testament par rapport à leurs écrits désignés comme le Nouveau Testament). La délimitation d'un canon définit en même temps la communauté qui se reconnaît à travers le corpus adopté.

La constitution du canon juif est provoquée en partie par le christianisme naissant et par l'attitude de ce dernier par rapport aux Écritures. La réciproque sera également vraie. La reprise en main du judaïsme par le mouvement « rabbinique » conduit la communauté chrétienne, vers les années quatre-vingt, à s'affirmer, et donc à produire des écrits spécifiques lui permettant, ou plutôt l'obligeant à se définir, à marquer sa différence. Le judaïsme rabbinique se constitue : les rabbins sont les interprètes autorisés de la Loi, les maîtres, comme l'indique la traduction de ce mot. Lorsqu'on délimite un terrain, on procède toujours à des exclusions. « Les Juifs » selon l'expression favorite de Jean, rejetteront hors de la synagogue ceux qui se réclament de Jésus. (Lire le récit de l'aveugle-né en *Jn* 9, et prêter attention à la façon dont l'écrivain projette sur le temps de Jésus, une situation polémique plus tardive qui fut celle de la relation « Juifs »/chrétiens, après Jamnia : cf. ci-dessus).

b) Ceux qui croient en Jésus

Les disciples du ressuscité se définissent aussi au moyen d'écrits. Ils n'en sont pas encore à constituer un « canon », c'est-à-dire à retenir une liste d'écrits dits « canoniques », comme règle. Cela se fera plus tard et selon un processus assez long. Déjà pourtant, quelques écrits sont lus dans les communautés, probablement lors de la liturgie; ainsi l'atteste, vers la fin du Ier siècle, la deuxième épître de Pierre : « Estimez salutaire la patience de notre Seigneur tout comme notre frère bien-aimé Paul vous l'a écrit, selon la sagesse qui lui a été donnée. C'est ce qu'il fait d'ailleurs dans toutes les lettres où il parle de ce sujet. Il y a des choses difficiles à comprendre... » (2 *Pi* 3,14-16). Ces écrits saisissent la nouveauté inaugurée par Jésus et découvrent à sa lumière, selon le mode d'interprétation qui déjà fut le sien, les Écritures. Les premiers chrétiens abordent l'Ancien Testament d'une manière nouvelle et différente. Pour eux, la différence et la nouveauté portent un nom : Jésus Christ. Les écrits consignés dans ce que nous nommons « le Nouveau Testament » servent à préciser en quel sens Jésus a renouvelé toutes choses, tout en accomplissant les Écritures.

Pour quoi le Nouveau Testament? Pour dire Jésus Christ et ce qui fait le ferment de toute vie chrétienne, en un temps donné de l'histoire et pour l'Église à venir. Les écrivains ne se sont pas mis un jour à leur table de travail pour écrire ce livre. Comment donc est-il né, s'est-il formé? C'est la question qu'il nous faut aborder.

III

LE NOUVEAU TESTAMENT : COMMENT S'EST-IL ÉCRIT ?

Les livres qui composent le Nouveau Testament résultent d'une longue élaboration. Pouvons-nous en savoir un peu plus aujourd'hui sur l'histoire de leur formation ? Si l'on met à part les lettres authentiques de Paul, ils ne sont rédigés qu'après 70, voire plutôt vers les deux dernières décennies du premier siècle. Mais leur histoire commence bien plus tôt.

Avant leur rédaction, dès les premières générations chrétiennes, les traditions circulent, sous forme orale ou déjà écrite. Les croyants transmettent les paroles du Seigneur, les prophètes chrétiens en proclament l'actualité et la signification eschatologique; les docteurs enseignent et interprètent la Loi nouvelle de celui qui a dit : « On vous a dit; Moi je vous dis »; des récits se constituent autour de la passion-résurrection, autour des miracles opérés par Jésus; dans leurs célébrations liturgiques, les chrétiens proclament leur foi en Jésus Seigneur, etc. En somme, le milieu de formation du Nouveau Testament, c'est la communauté dans toute sa vitalité. Un long temps de traditions, aux formes diverses, précède l'écriture du Nouveau Testament, sa « rédaction ». Essayons de découvrir quelques étapes de la première mise en forme, en considérant surtout les paroles de Jésus dans les Évangiles.

I – LE SOUVENIR ACTIF DES PAROLES DE JÉSUS

Jésus prend souvent la parole dans les Évangiles. Les exégètes ont montré depuis quelques années dans quelle mesure toutes les paroles mises dans la bouche de Jésus ne sont pas les paroles prononcées telles quelles par le « Jésus de l'histoire ». Un immense travail exégétique critique a été entrepris et se poursuit encore, pour mettre en relief la façon dont les premières communautés chrétiennes, sous l'inspiration de l'Esprit Saint, se souviennent des paroles du Seigneur. Par fidélité même à sa Parole toujours vivante, on l'actualise, on l'adapte aux diverses situations communautaires.

Prenons l'exemple du « Notre Père ». Il n'est transmis que par deux évangélistes : Matthieu et Luc. Leurs versions de la prière enseignée par Jésus diffèrent. Lorsqu'on les compare, on peut, avec raison, s'interroger sur le Notre Père prononcé par le Jésus de l'histoire. C'est une question sur laquelle les exégètes se sont attardés, en la posant de manière différente. Des deux formulations attestées dans le Nouveau Testament, quelle est celle qui a le plus de chances de remonter à Jésus? Ou mieux encore, quels sont les éléments primitifs, « authentiques » (= terme technique) du Notre Père? Point par point, mot par mot, le Notre Père est dès lors examiné. La conclusion : l'un et l'autre évangélistes, Matthieu comme Luc, ont retouché la tradition reçue. Le texte actuel remonte pour le fond à la ligne théologique de Jésus, le Fils, soucieux d'annoncer la venue du Règne; pour la forme, à la prière des communautés qui sans cesse, selon le commandement du

Seigneur, s'adressent à Dieu le Père pour qu'advienne le Règne.

Comme on se rappelle avec soin les paroles d'un être aimé, les chrétiens recueillent les paroles de Jésus le Christ et constituent des *collections* de ses paroles. Des recueils de paroles de Jésus ont probablement existé. L'Évangile de Thomas en est un exemple *. En étudiant la façon dont les paroles de Jésus apparaissent dans les Évangiles de Matthieu et de Luc, les exégètes ont découvert l'utilisation probable par ces deux évangélistes d'un document semblable, recueil de paroles. On désigne ce document comme la source Q.

Lorsque l'on compare Matthieu et Luc, on remarque plusieurs passages que ces deux évangélistes ont en commun. Ces passages ne sont pas absolument identiques; mais les retouches faites par l'un ou l'autre s'expliquent la plupart du temps en fonction des autres documents utilisés, ou en fonction de la visée propre de l'évangéliste qui remanie sa source. Les passages qui leur sont communs – et que l'on ne trouve ni dans Marc, ni dans Jean – ne sont pas des récits : du moins, ils contiennent très peu de narration. Ils comprennent surtout des paroles **. Il existerait donc un même document-source, la source Q. (Le signe Q provient du mot allemand *Quelle* qui signifie source.) D'autres auteurs la désignent comme la source des *logia* (Logien-Quelle); cette source contient en effet surtout des paroles (logia) du Seigneur.

Il s'agit là d'une hypothèse de travail, car on n'a pas retrouvé la source Q. Beaucoup de chercheurs admettent cependant cette hypothèse, notamment dans les rangs de l'exégèse allemande. Des travaux importants sont entrepris pour reconstituer, à l'aide des textes transmis par Matthieu/Luc, la source Q. Il semble qu'elle manifeste une orientation très nette vers l'eschatologie. Plusieurs *logia* annoncent la venue du fils de l'homme qui viendra sur les nuées du ciel. Les paroles du Seigneur sont ainsi rappelées, reformulées, pour inviter la

---

* Voir Supplément au Cahier Évangile nº 58 par R. Kuntzmann et J.D. Dubois, *Nag Hammadi*.

** Le terme grec logia (paroles, en grec; du singulier logion = parole).

communauté croyante à la vigilance, à l'attente active du retour du Seigneur, à la conversion. Ancrés sur les paroles du Seigneur transmises par les différentes traditions orales, de véritables petits catéchismes se constituent, avec des exhortations concrètes, des exigences pour mener une authentique vie évangélique. En somme, un livre pour le disciple.

D'autres formes littéraires mettent en valeur les paroles du Seigneur. Mentionnons à titre d'exemple : les apocalypses, les paraboles, les sentences didactiques.

• Le genre littéraire de *l'apocalypse* est connu dans la tradition juive. L'Ancien Testament en fournit quelques exemples : (*Is* 24-27). Les Évangiles synoptiques mettent tous dans la bouche de Jésus un discours de style apocalyptique (*Mc* 13 et par.). A la différence de la source Q, ces apocalypses accentuent le côté spectaculaire de la venue du Fils de l'homme. Jésus a certainement connu le genre littéraire des apocalypses. Comment l'a-t-il utilisé? Qu'est-ce qui remonte, dans le long discours de *Mc* 13, aux paroles de Jésus? Le travail des exégètes est toujours en chantier.

• *Les paraboles* constituent un genre littéraire spécifique. Le Jésus de l'histoire a certainement parlé en paraboles, de l'avis presque unanime de la critique : il y a cependant des opinions opposées. Mais il n'a pas prononcé toutes les paraboles transmises dans les Évangiles. Contrairement à ce que l'on entend dire parfois, les paraboles ne sont pas des historiettes pour gens peu cultivés. Le langage en paraboles est un procédé technique fréquemment utilisé dans la tradition juive, employé par les grands savants rabbins. Souvent, et cela dans les Évangiles eux-mêmes, les paraboles servent à des fins moralisatrices. Là n'est pourtant pas leur but premier. Les paraboles de Jésus font entrer dans le mystère du royaume. « Mystère », c'est-à-dire quelque chose d'inexplicable par la seule raison, et plutôt quelque chose en face de quoi l'on se situe, que l'on contemple. Dans un livre qui reste à l'heure actuelle un ouvrage fondamental, J. Jeremias * indique ce qu'il convient

---

* *Les paraboles de Jésus*, Éd. originale : 1962. Trad. française, 1968, Paris, Seuil, Livre de Vie 85/86.

de faire lorsqu'on lit une parabole : en dégager *la pointe.* Il ne faut pas chercher à faire coller à tout prix telle image avec telle réalité. Bien plutôt lire et relire *l'ensemble* de la parabole; se demander ensuite, après un regard sur l'ensemble du texte, quel est le visage de Dieu qui s'en dégage, son attitude, et en conséquence celle qui est exigée du lecteur que je suis. Jésus se sert souvent des paraboles pour faire découvrir le comportement de son Père. Avant de dire à ses auditeurs, « Vous devez vous comporter de telle ou telle manière », Jésus les situe par le moyen de la parabole face au comportement de Dieu : Père miséricordieux, patient, etc. Le lecteur peut alors se laisser questionner, puis emporter *dans la logique du Royaume.*

Les paraboles ne mentionnent pas la venue du Fils de l'homme, comme la source Q. Elles sont plutôt orientées vers l'annonce du Règne, du Royaume. Elles disent le « mystère » du Royaume caché, accessible à ceux qui croient, et désormais offert à tous par Jésus Christ. Les paraboles de l'Évangile remontent pour beaucoup d'entre elles à une situation précise de Jésus et de sa parole; elles ont ensuite « vécu » dans les communautés primitives lorsque l'on prêchait et enseignait la parole du Seigneur. Des collections de paraboles se sont formées. Témoin le chapitre 4 de l'Évangile de Marc : vous remarquerez sa composition. Jésus n'a pas prononcé en enfilade un discours en paraboles. Orientées surtout vers la désignation du Royaume, elles disent également sur un autre ton que la source Q, l'importance de la dimension eschatologique de toute vie chrétienne.

Enfin, plusieurs paroles de Jésus forment la Loi Nouvelle. L'Église primitive s'organise; les communautés chrétiennes cherchent comment vivre au mieux selon la parole du Christ, en se conformant à sa vie. Les docteurs chrétiens s'attachent à donner des directives en adaptant les paroles du Seigneur à la situation des communautés. L'Évangile de Matthieu, dans le célèbre sermon sur la Montagne (*Mt* 5-) en fournit un exemple majeur. Plus que l'Évangile de Marc ou de Luc, l'Évangile de Matthieu s'adresse à une communauté : on parle à bon droit de « la communauté » ou de « l'église » de Matthieu *.

Le discours sur la Montagne, sur la base de paroles de Jésus, transformées, assimilées, augmentées, devient la loi de l'Église, la charte de la communauté chrétienne. Matthieu met en relief de façon singulière, dans l'ensemble de son Évangile, le portrait de Jésus enseignant. Tout l'Évangile semble construit autour de cinq discours de Jésus. Une mise en forme originale qui montre que, pour Matthieu et dans sa communauté, la parole de Jésus est sans cesse actualisée, reprise : une nouvelle Loi. Jésus est présenté par Matthieu comme le nouveau Moïse : celui qui est venu accomplir la Loi, conduire les Écritures à leur accomplissement.

Les paroles du Seigneur seront donc gérées de manières diverses. L'accentuation n'est pas la même dans la source Q que dans la rédaction de Matthieu. D'autres « collections » furent constituées, en dehors des paroles de Jésus, selon des genres littéraires différents :

– les récits de *miracles :* ils ont probablement aussi circulé sous forme de collections-recueils de miracles de Jésus. En témoignent l'Évangile de Matthieu (chapitres 8-9) et l'Évangile de Jean. Ce dernier fait mention d'un recueil de « signes » (*Jn* 20,30-31);

– le genre littéraire de la *controverse : Marc* 2-3. Jésus se trouve dans une situation de conflit. Il est sommé de répondre, soit par une parole, soit par un geste. Ses réponses provoquent de vives réactions à son égard. Le genre littéraire de la controverse vise à mettre en avant l'attitude souverainement libre de Jésus. (Lire en ce sens *Mc* 2,17.21-22.27, etc.)

Mais les Évangiles ne sont pas simplement des compilations de traditions, ni une juxtaposition de paroles, ou de récits de miracles. Pour mieux comprendre ce qu'est un Évangile, il convient de se reporter à l'Évangile de Marc.

---

* Voir sur ce point Jean Zumstein, *Matthieu le Théologien.* Cahiers Évangile nº 58.

II – LE GENRE LITTÉRAIRE « ÉVANGILE »

Qu'est-ce qu'un Évangile? La paternité du genre littéraire revient à Marc. Il a créé un genre littéraire spécifique dont il importe de relever les composantes majeures. La passion-résurrection est le moteur de tout Évangile. Nous avons déjà noté l'importance du noyau pascal dans les discours missionnaires des *Actes* ou dans la formule kérygmatique de I *Co* 15. Dans le genre littéraire Évangile, il y a encore autre chose. Il est tout entier bâti sur la narration d'un drame : la Passion-Résurrection en est l'aboutissement, préparé par le ministère. Étapes par étapes, l'Évangile montre comment Jésus va vers sa mort. Le drame qui se déroule fait partie intégrante du genre littéraire Évangile. On le trouve dans les quatre Évangiles. Le canevas est fourni par Marc. L'agencement diffère pour chacun :

– Le drame progresse lentement dans *Marc. Jésus marche vers sa mort.* Le disciple est sommé de se prononcer sur cette vie et cette mort, parce que convié à entrer à son tour dans le chemin qui mène à la mort-résurrection.

– *Matthieu* utilise plus volontiers les catégories du *jugement* pour décrire la venue de Jésus dans le monde et son chemin vers la passion.

– *Luc* souligne *le côté prophétique de la montée de Jésus vers Jérusalem.* Il est le prophète qui s'avance d'un pas résolu (9,51) vers la ville. Il y sera rejeté, comme un prophète, et mis à mort. Ce faisant, Luc évoque aussi la condition prophétique du disciple qui veut se mettre à sa suite, de l'Église enfin (voir le *Livre des Actes*).

– *Jean* est un peu le spécialiste du *drame de la passion*; drame engagé d'entrée de jeu jusqu'à la fin du livre. Le dénouement s'opère sur la croix : Jésus y est exalté, glorieux. L'objectif de l'évangéliste consiste à manifester le retournement de situation : celui qui était jugé devient le Juge. Ceux qui jugeaient seront condamnés, parce qu'ils ne croient pas. La thématique du *procès et du témoignage*, l'opposition de la lumière et des ténèbres ou de la vérité et du mensonge, etc., autant d'éléments littéraires et théologiques qui rehaussent l'atmosphère dramatique.

Ainsi Marc a créé le genre littéraire « Évangile »; les autres évangélistes suivent le même canevas. Comme le dit le quatrième Évangile en conclusion, cela a été écrit « pour que vous croyiez » (*Jn* 20,30-31).

III – LES MÉTHODES EMPLOYÉES PAR L'EXÉGÈSE

Cette première prise de contact avec l'élaboration des textes souligne la nécessité d'une méthode critique et scientifique. La démarche historico-critique répond à ces exigences et, tout au long du XXe siècle, les outils de travail se sont affinés dans le domaine de l'exégèse du Nouveau Testament; les textes peuvent désormais être analysés sous leur aspect littéraire et historique. Notons quelques points essentiels de la démarche.

CRITIQUE TEXTUELLE

La première étape consiste à s'interroger sur le texte que j'ai sous les yeux. D'où vient-il? Par quels manuscrits a-t-il été transmis? Quel est l'état de ces manuscrits? Pour un même texte, les manuscrits peuvent présenter des divergences; lesquelles? Comment peut-on les expliquer? Quelle est la « leçon » originale? Des règles précises dirigent à bien cette investigation.

Cela ne peut se faire, on l'aura compris, que sur la langue originale, donc sur le grec. C'est une étape indispensable de l'analyse. Le lecteur non spécialiste se reportera aux notes des Bibles qui donnent les informations nécessaires.

CRITIQUE LITTÉRAIRE

Une autre étape distincte de la critique textuelle, laquelle se veut strictement étude de la tradition manuscrite, peut être caractérisée par le terme « critique littéraire ».

Vers les traditions

Les livres du Nouveau Testament n'ont pas été rédigés en une fois, ni, pour beaucoup d'entre eux, par un seul auteur. Des formes littéraires précises ont précédé le texte rédigé; pour composer leurs ouvrages, les auteurs se servent de sources qui ne sont pas sans influencer la forme et le contenu de l'œuvre finale. La critique littéraire est différente suivant le type d'écrits : Évangiles, actes, apocalypse, lettres, etc. Chacun d'eux exige une méthode adaptée. La question synoptique est l'exemple le plus connu pour le lecteur non spécialiste. Pour l'expliquer brièvement, reprenons l'histoire de la formation des Évangiles.

Les trois premiers Évangiles du Nouveau Testament, dans l'ordre canonique, Matthieu, Marc et Luc sont appelés « Évangiles synoptiques ». Le mot « synopse » vient du grec et signifie « d'un seul coup d'œil ». En effet, bâtis sur un même schéma de base, les trois Évangiles se lisent aisément en colonnes parallèles, en *synopse.* Les passages parallèles suivent souvent le même ordonnancement; ce qui a permis de fabriquer des synopses, c'est-à-dire des livres dans lesquels on lit d'un seul coup d'œil les trois Évangiles. Ainsi la Synopse de Benoît-Boismard aux éditions du CERF. Un même récit est présenté en même temps dans les trois Évangiles. Apparaissent alors nettement les ressemblances et les divergences.

Différentes hypothèses tentent d'expliquer le fait synoptique. Revenons sur celle que nous avons déjà quasiment retenue, sans encore la nommer : l'hypothèse des deux sources. Les deux Évangiles, Matthieu et Luc puisent essentiellement à deux documents-sources :

– L'un, qui constitue la base narrative et dont nous disposons; c'est l'Évangile de Marc;

– l'autre que l'on ne peut que restituer par l'hypothèse et qui est surtout composé de « paroles » (loggia); c'est la source Q (voir p. 83).

L'hypothèse des deux sources n'explique pas tout; bien des points restent encore énigmatiques. Mais elle permet de mettre en relief les divergences et les ressemblances. Le chercheur peut expliquer plusieurs phénomènes de parenté littéraire entre les Évangiles ou déterminer la ligne théologique poursuivie par chacun d'eux.

La mise en forme des traditions

Avant d'être rédigés, les paroles de Jésus et les récits le concernant furent transmis oralement : on distingue la tradition (*tradere :* transmission) de la rédaction (mise en forme écrite). Les premières communautés deviennent les milieux porteurs des différentes traditions : dans leur élan missionnaire d'évangélisation et de prédication comme dans leur liturgie, dans leur enseignement comme dans leurs polémiques, elles relisent, actualisent, réinterprètent, mettent en forme, en un mot « vivent » les traditions et vivent des traditions.

Une tradition donnée est donc façonnée par le contexte sociologique et théologique de la communauté primitive. On désigne la situation vivante qui influence ainsi la tradition, par une expression allemande : le « *Sitz im Leben* » (milieu de vie). Reprenons quelques exemples déjà indiqués :

• le « Notre Père » marqué par la pratique priante des communautés;

• les paraboles remaniées, relues, souvent allégorisées, c'est-à-dire interprétées point par point et non plus dans leur ensemble, en fonction des besoins de l'enseignement;

• les paroles de Jésus nécessairement redites pour servir à l'exhortation, aux recommandations pratiques; relues aussi dans les instructions aux catéchumènes;

• les récits de miracles mis en valeur pour les besoins de la prédication missionnaire, proclamant Jésus Sauveur, Messie.

Le milieu de vie, ou la situation communautaire, ne « crée » pas la tradition; mais celle-ci s'accroît, prend forme particulière dans un contexte communautaire donné. Il y aura un rapport à établir entre l'étude de la forme d'un texte (son genre littéraire) et le milieu de vie (*Sitz im Leben*) qui transmet d'une manière dynamique et adaptée la tradition reçue. Cette étape de l'analyse exégétique est appelée *L'histoire de la forme* et *L'histoire de la tradition*, selon les termes allemands :

– L'*histoire* de la forme ou formation (*Formgeschichte*);
– L'*histoire* de la tradition (*Traditionsgeschichte*).

L'étape de la rédaction

Un troisième regard sur le texte et l'histoire de sa formation porte sur l'histoire de la rédaction (*Redaktionsgeschichte*). Restons toujours dans le domaine des Évangiles synoptiques pour l'explication. Une juxtaposition de traditions ne constitue jamais un Évangile. La rédaction des textes suppose un auteur qui préside à la mise en forme du « continuum narratif », un évangéliste. L'évangéliste utilise les matériaux traditionnels et les documents-sources à sa disposition, mais il ne procède pas de manière aveugle. Le travail de l'évangéliste est souvent repris par un ou plusieurs rédacteurs. L'objectif de l'histoire de la rédaction consistera à mettre à jour les procédés « rédactionnels », à découvrir le jeu du rédacteur, à définir l'intention théologique qui parcourt l'ensemble de l'œuvre.

Pourquoi telle omission? Pourquoi tel déplacement, tel ajout? Quels sont les niveaux de rédaction : comment déterminer le premier rédacteur, le deuxième? On peut déceler des « relectures » dans un même texte : le passage a pu être adapté à une situation communautaire particulière, ce qui a nécessité une adaptation, une ré-écriture. L'histoire de la rédaction détermine les niveaux de composition du texte et met en relief le fil conducteur de l'écrit.

L'analyse structurale

Telles sont les principales étapes de la méthode historico-critique; l'accent porte sur l'histoire *(Geschichte)*, sur la diachronie. Conscients de la trop grande part faite à la diachronie, au détriment de la synchronie (= à l'étude du texte tel qu'il est sous nos yeux), des chercheurs ont appliqué d'autres méthodes à l'étude du Nouveau Testament. Impossible d'en dresser l'inventaire ni de donner un aperçu de ces diverses démarches. Nous les caractériserons brièvement par le biais de l'une d'entre elles, l'analyse structurale. Elle offre l'intérêt d'être pratiquée dans les lycées, en classe de français, et donc de rejoindre un public assez vaste. Contentons-nous d'en souligner quelques aspects.

Dans la méthode d'analyse structurale, le texte est considéré comme un tout : le texte et rien que le texte. Pour l'expliquer, on ne se penche pas sur son histoire, mais sur ce qui se passe à l'intérieur du texte : sa structure, son mouvement. La question devient celle-ci : que se passe-t-il entre le début et la fin du récit? Le lecteur considère le texte qu'il a sous les yeux, examine les personnages, détermine les oppositions. Qui est-ce qui agit, que fait-il, que dit-il? Que fait-il faire aux autres? Qui est le héros principal? A quelle place se situent les autres personnages du récit, les objets? Qui sont les opposants, quel est leur but? etc. On l'aura remarqué, ces questions se tournent vers le texte d'une manière qui peut sembler « naïve » au départ.

Mais dès lors que l'on tente de pratiquer la méthode dans un groupe, les questions apparemment naïves deviendront passionnantes, et l'on constatera que très souvent les textes les plus connus sont les plus mal lus, précisément parce qu'on pense les connaître. La pratique de l'analyse structurale, notamment en groupe, a ceci de merveilleux qu'elle nous met constamment en étonnement devant les textes. Elle exige plutôt un savoir-faire qu'un savoir savant. Elle convient mieux au tout-venant que ladite méthode historico-critique. Nul ne détient plus qu'un autre l'explication du texte, « le sens ». Le sens se découvre par l'exercice de lecture, ensemble.

Toute méthode présente ses intérêts et ses limites. Il y a une dizaine d'années, la méthode historico-critique et la démarche de l'analyse structurale étaient en rivalité. Aujourd'hui, l'exégèse utilise les deux types de pratique; l'une est venue compléter le champ d'action de l'autre. La démarche historico-critique s'est enrichie de cette lecture dynamique du texte faite par l'analyse structurale. Que l'on soit ou non partisan fervent de l'analyse structurale, le regard sur le texte n'est plus le même depuis que les recherches dans ce domaine se sont développées.

Perspectives nouvelles

Avant de quitter le champ méthodologique, il est bon de dire que les recherches ne sont pas closes. Dire où court le vent méthodologique aujourd'hui serait prématuré. Il n'empêche que des perspectives s'offrent actuellement dans le champ de l'exégèse néotestamentaire. Elles semblent être de deux types :

– La première prend en compte les aspects rhétoriques du texte, s'inspirant en cela des auteurs anciens : comment faire pour atteindre un auditoire donné? Quelles sont les règles de l'art oratoire? Comme nous avons affaire à des textes, à de « l'écrit », il faut donc découvrir la méthode adaptée pour les textes du Nouveau Testament.

– La seconde prend plutôt en compte le contexte socio-religieux et s'interroge toujours sur l'histoire de la formation du texte; la question ne porte plus seulement sur l'avant-texte, mais également sur l'après-texte et sur ce qui est autour du texte. Les textes postérieurs au Nouveau Testament, en dehors du champ canonique des Écritures, sont davantage mis à contribution. On tente aujourd'hui de mieux cerner les « trajectoires » (terme technique) sur lesquelles évoluent les traditions textuelles. « L'après-texte » explique aussi le texte : il convient de définir la méthode appropriée pour dire comment. L'intérêt de ce travail est grand, pour dire l'histoire de l'influence d'un texte, d'une famille de textes, d'un groupe de traditions. Ainsi, on peut préciser le champ d'influence de la tradition johannique, un peu comme on déterminerait un champ magnétique; on comprend mieux certaines données contenues dans l'Évangile de Jean. Elles y sont peut-être encore en état embryonnaire; lorsque l'on arrive à déterminer comment elles ont évolué, en fidélité ou non à l'Évangile, on peut mieux circonscrire les termes de l'Évangile.

Pour en rester à la tradition johannique, prenons l'exemple des cercles gnostiques. La gnose signifie « la connaissance ». Le mouvement gnostique se développera aux premiers siècles; il s'agit d'un mouvement religieux qui vise à atteindre Dieu par la connaissance. Cette connaissance est réservée à une élite. Les groupes gnostiques utiliseront beaucoup les traditions johanniques; d'une certaine manière elles conviennent très bien à leurs conceptions sur la connaissance de Dieu. Ils utiliseront également le quatrième Évangile pour ce qu'il dit du salut, de la vie éternelle « déjà là ».

Dès lors les textes des gnostiques sont utiles pour qui s'attache à l'histoire du texte johannique. Pourquoi? Parce que l'on comprend mieux comment certaines expressions de Jean nécessitent un véritable travail d'interprétation : l'auteur de la première épître de Jean l'a bien compris. Certains membres des groupes johanniques risquaient, non pas encore de rejoindre les rangs des gnostiques, puisque le véritable mouvement gnostique est plus tardif, mais de dévier dans leur lecture de l'Évangile, du message entendu depuis le commencement. L'étude des textes gnostiques est importante également parce qu'ils éclairent des passages ou des expressions particulières de l'Évangile de Jean. Le quatrième Évangile baigne dans un milieu socio-religieux particulier : tantôt il lui emprunte son vocabulaire et sa réflexion théologique, tantôt il réagit contre lui. Le travail de l'exégète consiste à examiner attentivement le vocabulaire théologique et à déterminer dans la mesure du possible la trajectoire suivie par la théologie johannique : comment elle s'imprègne de ce qui l'entoure, comment elle s'en démarque; à quel moment elle s'en détache, et à quels groupes déviants peuvent donner naissance ses traditions.

Nous n'avons donné qu'un exemple, et en raccourci. On ne peut guère encore parler de « méthode »; mais des travaux sont en cours et les textes du Nouveau Testament en reçoivent un éclairage nouveau.

Conclusion

LIRE LE NOUVEAU TESTAMENT DÉCOUVRIR LA PAROLE VIVANTE, JÉSUS CHRIST

Nous sommes partis de questions très simples (qui? pour quoi? comment? quand?) pour frayer un chemin vers la lecture du Nouveau Testament. Maintenant commence le véritable travail de lecture. Cela peut se faire sous forme de lecture suivie, en commençant par les lettres de Paul, ou par un des Évangiles; seul, ou, pourquoi pas, en groupe. Il va sans dire que c'est une lecture sans fin, parce qu'elle nous fera rencontrer une Parole vivante, une personne : JÉSUS CHRIST.

Pour les mots de la fin, qui seront en pointillés parce que destinés à la lecture personnelle, nous suivrons les traces de saint Jean.

JÉSUS S'AUTO-RÉVÈLE

La tradition johannique offre ceci de singulier qu'elle explicite le contenu théologique des données de la tradition synoptique. Dans les trois Évangiles de Matthieu, Marc et Luc, Jésus prononce à plusieurs reprises des paroles isolées et l'un ou l'autre discours. Le quatrième Évangile choisit d'intensifier la Parole de Jésus : les discours et les dialogues sont plus développés.

Dès le début de l'Évangile, Jean donne la raison de cette insistance : Jésus EST la Parole. Il se dit lui-même. Il s'auto-révèle. Découverte profonde à laquelle est convié le lecteur de chaque Évangile : Jésus n'est pas seulement un personnage de l'histoire, ni même seulement Dieu venu un jour du temps à la rencontre des hommes. Jésus est la Parole, expression parfaite du Père, Parole vivante, aujourd'hui encore. Les textes du Nouveau Testament, dans leur « textualité », dans leur « écriture », renvoient à l'événement fondamental de la Parole advenue dans la chair. Jean, dans son majestueux porche d'entrée à l'Évangile, le Prologue, proclame, chante : « ET LA PAROLE (LE VERBE) EST DEVENUE CHAIR » (*Jn* 1,14).

Désormais il est possible pour l'homme, dans l'incarnation, de rencontrer Dieu, de dire Dieu, parce que le Verbe a signifié, à travers sa propre existence humaine, dans son ministère et dans sa passion, comment il convenait de dire Dieu : « Après avoir, à bien des reprises et de bien des manières, parlé jadis à nos pères par les prophètes, Dieu, en cette fin des jours, nous a parlé par le Fils... » (*Hb* 1,1-2). Ainsi débute l'épître aux Hébreux dont nous avons dit la proximité avec Jean.

DIRE DIEU COMME IL CONVIENT

Un « canon », c'est-à-dire une règle, est donné pour cela. Le canon des Écritures (la Bible : A.T. et N.T.) a été fixé définitivement, pour l'Église catholique, par le Concile de Trente. Mais, dès le début, les communautés chrétiennes reconnaissent un certain nombre d'écrits comme régulateurs de la foi chrétienne. Le Nouveau Testament devient le livre spécifique des disciples de Jésus Christ. L'Ancien Testament, commun à la religion juive et aux Églises chrétiennes est reconnu comme « canonique » par ces dernières : à travers les livres de l'Ancien Testament, les chrétiens découvrent le chemin vers le Dieu de Jésus Christ.

L'EXÉGÈTE DU PÈRE; LES EXÉGÈTES DU FILS, PAROLE FAITE CHAIR

Jésus, Parole, Verbe de Dieu a montré le chemin vers le Père. « Il est l'exégète du Père » selon la belle expression d'Annie Jaubert à propos de *Jn* 1,18. A leur tour, les chrétiens deviennent exégètes, c'est-à-dire interprètes de cette Parole vivante qui leur a été donnée, le Fils de Dieu.

Le Christ est théo-logien. Il dit Dieu. Nous ne pouvons parler de Dieu qu'à partir de Lui. Il en est le chemin. Les chrétiens sont des christo-logiens. Ils disent le Christ.

LE VISAGE DU DIEU DES CHRÉTIENS : PÈRE, FILS, ESPRIT

Le Christ est au centre du témoignage de Jean. Mais si la christologie est centrale dans cet Évangile, elle n'est pas finale. Le Christ tourne les regards des disciples vers un nouveau visage de Dieu, et cela est sensible dans le mouvement même de l'Évangile.

Les premiers chapitres présentent les disciples qui découvrent en Jésus le Messie. On désigne cette étape (*Jn* 1,19-51) comme le temps de la « christologie basse ». Jésus accepte les confessions de foi de ses disciples; elles sont encore tout imprégnées des attentes messianiques dans la ligne de l'Ancien Testament. Mais progressivement Jésus conduit lui-même ses disciples vers le secret de sa personne (Lire *Jn* 1,51).

Notamment par les dialogues (*Jn* 3-4) et par les discours (*Jn* 5-6), ainsi que dans les controverses avec les Juifs (*Jn* 7-10), Jésus s'auto-révèle comme « le Fils », afin que ceux qui le suivent croient en Lui et le confessent comme « le Fils de Dieu ». Jésus révèle sa divinité. Cette seconde étape explicite la « haute christologie » (*Jn* 3-10).

Mais l'Évangile ne s'arrête pas là. Jésus continue à prendre la parole, et longuement, dans les chapitres 13-17. Il s'entretient avec ses disciples, avant la Passion-Résurrection. Il leur annonce le départ *vers le Père* (discours d'adieux) et leur annonce *la venue de l'Esprit* (discours sur l'à-venir des disciples : « Je ne vous laisserai pas orphelins! Il vous est bon que je m'en aille! »...)

Le Christ révèle le véritable visage du Dieu des chrétiens; c'est le Dieu trinitaire. Les chrétiens, en approfondissant le message du quatrième Évangile et des autres énoncés de la foi dans le Nouveau Testament, proclameront plus tard le dogme de la Trinité.

UNE PAROLE POUR VIVRE

Le Nouveau Testament n'est pas l'histoire d'un passé. C'est une parole de vie sans cesse à actualiser. Le dynamisme interne de cette actualisation se trouve dans la Bible elle-même. Nous avons constamment souligné l'acte de relecture : la fidélité aux paroles du Seigneur n'a rien de fixiste, mais se permet, au contraire, les audaces de la créativité.

Vivre de l'Évangile, comme le montrent les premières communautés et les premières traditions chrétiennes, consiste à vivre de Jésus Christ. Il est là comme une Parole à laquelle sans cesse on se réfère. Les textes du Nouveau Testament contiennent la mémoire vivante de cette parole : non pas un souvenir pieux et intangible, ce n'est pas une relique, mais bien plutôt un Testament toujours en train d'être géré, qui sans cesse porte fruit; un testament toujours nouveau. Les communautés des chrétiens continuent à porter témoignage dans la foulée des premiers témoins, scrutant leurs écrits pour agir fidèlement à la Parole.

Il y a circulation entre ces trois pôles { PAROLE / MÉMOIRE / TÉMOIGNAGE

PAROLE
advenue dans la chair
JÉSUS CHRIST

MÉMOIRE VIVANTE
LE NOUVEAU TESTAMENT

TÉMOIGNAGE
La vie de l'Église

L'ESPRIT SAINT est le souffle donné pour que vive la PAROLE.

Table des matières

II
LE NOUVEAU TESTAMENT
POUR QUOI ?

III
LE NOUVEAU TESTAMENT
COMMENT S'EST-IL ÉCRIT ?

PARCOURS
La bibliothèque de formation chrétienne

collection dirigée par
Bruno Chenu, Gilles Collicelli, Danielle Monneron,
Marcel Neusch, Jacques Potin, Pierre Talec

- *Un ensemble cohérent pour la formation chrétienne des adultes.* Cette collection maniable et pédagogique vulgarise les savoirs fondamentaux et fait le point sur les questions débattues de l'actualité. Elle explique et permet de mémoriser.

- *Un panorama du christianisme aujourd'hui.* Cette collection s'attachant au dogme, à la morale et à la spiritualité parcourt aussi les grandes avenues de l'aventure humaine : de la bioéthique au politique en passant par les phénomènes de cultures et l'économie.

- *Un instrument de travail.* Cette collection accompagne, prolonge et approfondit une démarche de formation soit collective soit individuelle.

TITRES PARUS :

André Dupleix
DIEU

« Croyez-vous en Dieu le Père? En Dieu le Fils? En Dieu l'Esprit? » Hier et aujourd'hui, quelle qu'en soit la forme, c'est la même profession de foi. Mais qui donc est Dieu pour nous? Dire « Dieu » c'est risquer de ne pouvoir en rester à une simple attitude d'acceptation, de répétition ou de refus. Dire « Dieu » c'est entrer dans un questionnement permanent sans jamais cesser de prêter l'oreille à la Parole qui nous est transmise, sans jamais cesser de nous décider et de nous mettre en route.

André Dupleix, *prêtre du diocèse de Bayonne, est doyen de la Faculté de théologie à l'institut catholique de Toulouse et enseignant à l'Institut d'études religieuses et pastorales.*

Gérard Fourez
LES SEPT SACREMENTS

Par les sacrements, est célébrée la totalité de l'œuvre du salut accomplie par le Christ pour tous les hommes.
A travers eux, tous les moments centraux de l'existence chrétienne, de la naissance à la mort, dans sa dimension ecclésiale et personnelle, peuvent être sanctifiés.
C'est cette conception, à la fois synthétique et dynamique, qu'a voulu privilégier l'auteur. Les rites sacramentels humanisent l'existence en l'ouvrant à l'amour gratuit de Dieu.

Gérard Fourez *enseigne la philosophie morale aux facultés universitaires de Namur. Il a déjà publié au Centurion « Choix éthiques et conditionnement social » et « Les sacrements réveillent la vie ».*

Pierre Gibert
L'ANCIEN TESTAMENT

Cette introduction à l'Ancien Testament entend fournir les données historiques et littéraires indispensables sur la nature, le contenu, les origines des livres qui le composent. Elle veut surtout être un guide de lecture du texte lui-même. Mais elle veut aussi conduire le lecteur chrétien de la Bible jusqu'à la compréhension qu'en a eue Jésus, car c'est dans l'intelligence chrétienne de la Loi, des prophètes, des sages que se découvre « la jeunesse de ce vieux Testament ».

Pierre Gibert, *jésuite, professeur d'exégèse à l'Institut catholique de Lyon, réussit la gageure de donner une vue d'ensemble des livres de l'Ancien Testament. Ce livre est le fruit d'une longue expérience de communication sur la Bible.*

Marie-Louise Gondal
L'INITIATION CHRÉTIENNE

« L'on ne naît pas chrétien, on le devient », écrivait Tertullien au IIIe siècle.
En présentant l'histoire et les étapes de l'initiation chrétienne, le livre de Marie-Louise Gondal permet de jeter un regard nouveau sur le don de la vie divine et sur l'insertion dans la communauté ecclésiale accordés à l'enfant ou à l'adulte – à travers l'institution du catéchuménat –, par les sacrements du baptême, de la confirmation, de l'eucharistie.

Marie-Louise Gondal *est animatrice des groupes de formation catéchuménale dans le diocèse de Lyon. Ce livre est le fruit d'une longue expérience dans ce ministère d'Église.*

Bernard Rey
JÉSUS LE CHRIST

Que le nom de Jésus-Christ apparaisse au seuil d'un parcours de formation chrétienne, quoi de plus normal? Ce livre accueille l'écho de tous ceux qui prononcent ce nom de Jésus. A l'écoute des premiers témoins et de la tradition de l'Église, il veut surtout conduire à la redécouverte de sa véritable identité. Que signifie ce nom dont l'Écriture dit qu'« il n'y a pas d'autre nom donné par lequel il nous faille être sauvé »? Et quelle expérience pouvons-nous avoir aujourd'hui de ce Jésus de Nazareth dont les chrétiens continuent à proclamer qu'il est vivant?

Bernard Rey, *religieux dominicain, spécialiste de la christologie, enseigne la théologie à l'Institut catholique de Lille.*

Charles-Marie Guillet
L'ÉGLISE

« Jésus, oui; l'Église, non. » Cette difficulté à l'égard de l'Église est souvent relevée. Aussi le chrétien d'aujourd'hui est-il invité à reparcourir le chemin de l'histoire pour découvrir la signification de l'Église, son origine et sa mission, son unité et sa diversité. Le Dieu de Jésus-Christ appelle une communauté de témoins, une communauté prophétique, sacerdotale, royale et espérante.

Charles-Marie Guillet, *prêtre diocésain, est chargé de la formation continue des prêtres, religieuses et laïcs au Mans et dans l'ouest de la France. il a écrit de nombreux articles.*

André Sève
PRIER AUJOURD'HUI

Aujourd'hui, la prière revient avec force et de façon très variée. Son âme est toujours l'union à Dieu. Mais dans cette expérience, Jésus-Christ est le seul qui puisse mettre dans le cœur et sur les lèvres sa propre prière. Prier c'est être Christ. Ce livre affirme et prouve que, même et surtout aujourd'hui, plus on prend le temps de prier, plus on vit puissamment.

André Sève, *religieux assomptioniste, journaliste de métier, est bien connu pour ses livres de méditation depuis* Trente minutes pour Dieu. *Il s'exprime ici sur le fondement même de la prière.*

Xavier Thévenot
LA BIOÉTHIQUE

Procréations médicalement assistées (insémination artificielle ou fécondation in vitro), soulagement de la souffrance en fin de vie avec le risque de pratiques d'euthanasie...
A partir des découvertes anthropologiques les plus récentes et des données de la théologie chrétienne, ce livre est une invitation à l'approche morale de ces nouvelles techniques biomédicales.

Xavier Thévenot, *religieux salésien, prêtre, est professeur de théologie morale à l'Institut catholique de Paris. Vice-président de l'ATEM (association des théologiens pour l'étude de la morale), il est bien connu pour ses publications sur l'éthique de la sexualité.*

Cet ouvrage
a été composé
et achevé d'imprimer
en octobre 1989
par l'Imprimerie Floch
53100 – Mayenne.

Dépôt légal : octobre 1989.
N° d'imprimeur : 28380.
Imprimé en France.